EMOCIONES DESCARRIADAS

Una mirada diferente en educación

ExLibric

ÁLVARO LEDESMA ALBA

EMOCIONES DESCARRIADAS

Una mirada diferente en educación

EXLIBRIC

ANTEQUERA 2026

EMOCIONES DESCARRIADAS. Una mirada diferente en educación
© Álvaro Ledesma Alba
Diseño de portada: Dpto. de Diseño Gráfico Exlibric

Iª edición

© ExLibric, 2026.

Editado por: ExLibric
c/ Cueva de Viera, 2, Local 3
Centro Negocios CADI
29200 Antequera (Málaga)
Teléfono: 952 70 60 04
Fax: 952 84 55 03
Correo electrónico: exlibric@exlibric.com
Internet: www.exlibric.com

ISBN: 979-13-88255-06-9
Depósito Legal: MA 392-2026

Impresión: PODiPrint
Impreso en Andalucía – España

Nota de la editorial: ExLibric pertenece a Innovación y Cualificación S. L.

ÁLVARO LEDESMA ALBA

EMOCIONES DESCARRIADAS

Una mirada diferente en educación

A mi alumnado,
por todo lo que aprendo de ellos y con ellos...
y lo que me queda.

Con mis maestros he aprendido mucho;
con mis colegas, más; con mis alumnos, todavía más.
PROVERBIO HINDÚ

La educación ayuda a la persona
a aprender a ser lo que es capaz de ser.
HESÍODO

Un maestro es una brújula que activa los imanes
de la curiosidad, el conocimiento y la sabiduría en los alumnos.
EVER GARRISSON

Dime y lo olvido, enséñame y lo recuerdo,
involúcrame y lo aprendo.
BENJAMIN FRANKLIN

La educación no cambia el mundo,
cambia a las personas que van a cambiar el mundo.
PAULO FREIRE

La educación es la culpable, casi siempre,
de desviar a la gente de sus talentos.
KEN ROBINSON

Nuestro mayor miedo no es que no encajemos, nuestro mayor miedo es que tenemos una fuerza desmesurada; es nuestra luz y no nuestra oscuridad lo que más nos asusta.

Empequeñecerse no ayuda al mundo; no hay nada inteligente en encogerse para que otros no se sientan inseguros a tu alrededor; todos deberíamos brillar como hacen los niños. No es cosa de unos pocos, sino de todos.

Y al dejar brillar nuestra propia luz, inconscientemente damos permiso a otros para hacer lo mismo. Al liberarnos de nuestro propio miedo, nuestra presencia libera automáticamente a otros.

Timo Cruz en la película *Coach Carter*,
dirigida por Thomas Carter en 2005 (EE. UU.).

A su vez, considero que este texto está inspirado en el discurso de Nelson Mandela del año 1994 en su toma de posesión como presidente de Sudáfrica.

Y, a su vez, Nelson Mandela reconoció haber obtenido esta idea del poema *Nuestro miedo más profundo,* de Marianne Williamson, cuya lectura recomiendo.

Me temo que, para bien o para mal, los personajes que aparecen en este libro estarán siempre en nuestras aulas. Los nombres
e historias de este libro han sido modificados o distorsionados
tanto por su seguridad como por la del autor, salvo el de aquellos
que me dieron su consentimiento. Cualquier parecido con la
realidad ha sido intencionado.

Prólogo

Aprender enseñando
Educar motivando
Formar transformando

Ser un maestro, de verdad, es asumir la gran responsabilidad de orientar la luz del faro y enfocarla hacia el horizonte de la libertad para quienes le siguen.

Y los años de vigía, y de guía, nutren de tanta experiencia que solo quienes transcienden a su vocación deciden con generosidad compartirla.

Desde la reflexión y la responsabilidad de reconocernos útiles para contribuir a un mundo mejor, el legado de las vivencias es el mejor valor que podemos dejar a nuestro prójimo. Ser maestro es ser defensor de niños, niñas y adolescentes.

Los propios derechos humanos solo podrán consolidarse a través de la educación, porque su ejercicio responsable y su verdadero respeto únicamente pueden verse afianzados a través del espíritu cívico y crítico desde la niñez y la adolescencia.

Despojarnos de prejuicios negativos, de esquemas atávicos, de estructuras patriarcales y de autoritarismos despóticos no es tarea fácil ni cómoda.

El reto del docente que ajusta su mirada con asertividad y empatía hacia sus discentes es el culmen de la maestría. Y así se nos presenta, sin filtros, Álvaro Ledesma Alba en esta su obra, en la que destila mucho más que anécdotas vividas. Ha dedicado tiempo y esfuerzo para relatarnos, como solo un excelente maestro puede conseguir, un texto enriquecedor, por el que transpiran el afecto, el respeto y la consideración que profesa a sus alumnos.

Conocerles y reconocerles, en sus capacidades y habilidades tan diversas, especialmente de quienes se encuentran en situaciones de vulnerabilidad y viven en entornos marginales, es una virtud excelsa de un maestro que se precia y al que se le aprecia por serlo y servir para serlo.

El primer día de clase, las cuatro paredes encierran más desasosiego para el maestro que el folio en blanco para el escritor.

Las aulas son escenarios de piezas apasionantes y de personajes pintorescos, por las que se suceden comedias y también dramas.

El libro que tienen entre las manos es como entrar en un largometraje costumbrista, de talentos y de talantes, que se desatan entre las relaciones escolares y más allá.

La niñez sufre, siente, padece y se emociona tanto o más que quienes se consideran personas adultas, y en ese microcosmos de relativa convivencia y de peculiar organización los sentimientos se desatan, a menudo sin freno.

Saber interpretarlos, detectar los signos de riesgo y canalizar las señales de atención no viene en ningún manual, ni es materia de las oposiciones, pero se aprende con mucha paciencia y con un altruista compromiso por educar, asumiendo los errores y pidiendo sincero perdón por las equivocaciones.

Lo que se da es lo que se recibe. Y es respetable quien se respeta, porque la verdadera autoridad reside en la consideración cercana y recíproca de la calidad humana.

En la complejidad del ser humano, el respeto reside en el núcleo de los sentimientos. Solo llegando a comprender, e incluso asimilar, la situación en la que se puede encontrar cada persona que tenemos delante, y conectando con sus códigos de comunicación afectiva, se puede llegar a obtener esa autoridad referencial que se forja en vínculos de reconocimiento.

Desde la reivindicación emocional, Álvaro nos enseña un crisol poliédrico de historias de vida, con un hilo conductor invisible: la conciencia sacudida sobre la violencia, sobre la incomprensión y sobre la falta de entendimiento, que provocan tanta infelicidad de manera injustificada como ilusiones esperanzadoras. Así enciende la luz del faro que nos ilumina hacia el camino de la educación inclusiva.

El maestro, educador, puede dar sentido a las oportunidades que pueden mejorar nuestra especie. Es la esperanza. Si lo cree, lo asume y se compromete a facilitarlas.

A través de breves pero intensos relatos trenzados, narrados con un estilo literario ameno y ágil, atractivo y envolvente, vamos aprendiendo de sus experiencias, tan reales como insólitas, y estoy convencido de que, tras leer este libro, como yo lo hice por primera vez, a la velocidad de un viaje transoceánico, quedará una sensación de gratitud a quien generosamente nos las ha regalado, junto con un sentimiento de inquietud y una abierta reflexión: cuánto nos queda por aprender y, sin embargo, cuán rápido deberíamos comenzar a actuar a favor de los derechos de la infancia y de la adolescencia.

Igual que la suerte nos coloca en una familia, así nos pone en un barrio y en un centro escolar o educativo, y ahí la fortuna nos puede mimar o nos puede maltratar, la suerte puede ser buena o mala, pero seguro que en esos espacios, en los que germinan las semillas de nuestros miedos y de nuestras fortalezas, puede ocurrir de todo. Es la lotería de las vidas.

Permítanme una licencia autobiográfica y descarada: mi primera vocación sentida y expresada fue la de ser maestro, porque en aquellos tiempos de la EGB, del lápiz y papel, de colegio nacional masificado —solo de niños—, de barrio pobre, el maestro brillaba como adulto instruido, formal y profesional, que despertaba mi admiración y se convertía en ejemplar.

Hoy sería impensable que el maestro golpease en las cinco yemas de los dedos unidas al niño que se portase mal, como por entonces, con una vara de madera en la que se podía leer «la dolorosa» y a la que temíamos con verdadero pavor.

Mi clase era como una aldea, en la que prácticamente todos tenían su apodo. Yo era el Villa, tuve suerte con el acrónimo de mi apellido (con el juego que daba la segunda parte…), pero otros que recuerdo no fueron tan simpáticos: por allí estaban el Mofeta (aporofobia interiorizada), el Petao (homofobia descarada) o el Follaperras (cacofonía de un apellido alterado); el Bocanegra (que, siendo el propio apellido, se le adjetivaba con diversas lindezas)… No sigo, hay más, éramos como unos cuarenta compañeros de clase.

Como expresa Álvaro, «los humanos, a veces, somos una especie sin sentido», y los adultos somos responsables de llevar a la infancia hacia el camino del «sin sentido».

Aunque hayamos evolucionado, no sé si a mejor, hacia aulas con pantallas abiertas al mundo y con grandes pizarras digitales, con una mayor conciencia y sensibilización respecto de los derechos de la infancia, seguimos con grupos masificados y con nuevos factores de riesgo, propios de esta generación, seguramente más sutiles y tal vez más disimulados, pero que, si no se detectan a tiempo y no se interviene de manera eficaz para contrarrestarlos, pueden llegar a frustrar futuros, a destruir presentes e incluso a acabar con la vida de las víctimas acosadas.

Así es la vida, hay dramas insuperables y hay situaciones cómicas.

Y esta obra es un compendio de vidas.

Me he reído, y también me he emocionado.

Me he visto atrapado entre contrastes vitales explicados con mucho gracejo.

Con su pluma fácil, de buenos golpes y graciosos chascarrillos, de fiel reflejo de la vida misma, logrando que sea una lectura amena y entretenida, no sé si el autor se proponía enseñarnos a recuperar la capacidad de mirar con los ojos del corazón.

Seguramente esa era la intención de Álvaro y, sin duda, conmigo ¡lo has conseguido, MAESTRO!

Constitución (Chile), 8 de mayo de 2019

Carlos Villagrasa Alcaide
Profesor titular de Derecho Civil
Universidad de Barcelona
Presidente de la Asociación para la Defensa
de los Derechos de la Infancia y la Adolescencia

Prólogo

Cambiar la sociedad
a través de la enseñanza

Un niño con falta de educación es un niño perdido.
John Fitzgerald Kennedy

Cuando decidí dedicarme a la enseñanza tenía un gran propósito: cambiar los intereses de la sociedad y conseguir formar a las personas. Demasiadas moralinas, la verdad. Y muy exigente. Sin embargo, no abandono la idea, aunque a veces desespere. Muchas veces.

Paulatinamente, descubrí la belleza de mi trabajo: poder trabajar con seres humanos. Me dedico a ellos sin distinción y he vivido de casi todo lo que se puede padecer siendo profesor en secundaria. Esas experiencias me enseñaron mucho. Hice lazos; me alejé de algunos o dejé destruir amistades; compartí, discutí, reí, sentí, lloré, grité, me enfadé, regalé y me regalaron también a mí (a veces el oído); estuve orgulloso y me ilusioné; sufrí; presté dinero que sabía que nunca iba a volver; me sentí solo a veces y acompañado otras; padecí; cometí errores; herví de rabia; me denunciaron en un juzgado penal; me hicieron la vida imposible o me gritaron mis propios compañeros; aprendí a decir no… y también sí; me acompañaron; me ayudaron y aprendí a pedir ayuda; conocí personas maravillosas e hice amistades increíbles. Disfruté. En definitiva, viví, no solo trabajé.

Fue al nacer mis hijos cuando decidí que había que arremangarse de verdad los pantalones y ponerse las botas para meterse en los charcos que hicieran falta para poder aportar más que un granito.

La paternidad te cambia la vida de forma radical en casi todas tus facetas vitales de una u otra forma, y este aspecto no podía ser menos. No quería que nadie tratara mal a mis hijos en ningún centro. No quería que los considerasen como si fueran el enemigo (he tenido muchos compañeros que trabajan así diariamente… y claro, de ahí vienen problemas y hasta el corporativismo). No quería que los llamaran como un número, como un apellido o que los marcaran como a ganado. En ocasiones, yo también hice bromas de mis alumnos o deseé que los expulsaran. Yo entré en un sistema que solo me había enseñado de una forma. Pero, por suerte, el paso del tiempo y algunas experiencias, como las que os cuento aquí (o parecidas), me hicieron descubrir que trabajaba con personas y que casi todas ellas estaban necesitadas, y normalmente, de cariño o atención. Nada más. A partir de ahí, la vida se acepta e integra de forma mucho más sana y sencilla, aunque eso requiere su tiempo, su dedicación y su esfuerzo, y yo no siempre estuve dispuesto a darme al cien por cien, porque también soy humano y tengo mis carencias y mis limitaciones.

Muchas veces se oye decir: «¡Qué suerte! Tienes unos hijos estupendos». Y créanme, no es así, no es suerte, esta puede tener una pequeña influencia, puede ser un mínimo factor, sin embargo, lo que hace que esos niños puedan ser estupendos es que sus padres les han dedicado horas y horas, juegos, risas, cariño, amor, atención, espacio para ser… quizás algún grito indebido, pero también acompañado de una disculpa. No es suerte. No creo que sea suerte de ninguna de las maneras, es dedicación y pasión por lo que más quieres.

Entrar en un aula de secundaria (y supongo que igual sucederá en una clase de primaria o infantil) es como ir al teatro para ver un musical, en vivo, con un elenco interminable y con nombres de personajes que te cuesta aprender la primera vez que la ves. No sabes por dónde te van a salir los efectos especiales dignos del cine más que del teatro; no sabes qué va a suceder o para qué lado debes mirar; no tienes ni idea de en qué parte está cantando alguien o si alguno se está asomando más de la cuenta por la ventana. Hay una gran cantidad de actores en escena y cada uno va a lo suyo (aunque estén perfectamente coordinados). Se levantan, pasean, hablan… Muchas son las ocasiones en las que habréis oído a algún profesor decir que ha perdido más de diez minutos solo en que los niños se callen. Bueno, digamos que cuando un maestro entra en un aula de secundaria, es él quién sobra, es él quién viene a estorbar, y que conste que lo digo desde la visión del adolescente que está seis horas encerrado en un aula (con media de descanso) conviviendo, normalmente, con otras veintinueve personas, con sus neuras, con sus olores, con sus gritos, con sus risas, con sus comentarios… Algo habría que cambiar para que el profesor o la profesora no sobrara y todos se pudieran integrar a la casi perfección. Y lo primero, sin la menor de las dudas, es disminuir la ratio de forma considerable, como mínimo, a quince alumnos por aula.

Un aula de secundaria puede ser tan agradable como desagradable. En ocasiones te encuentras con grupos apáticos en los que no te responden ni cuando les preguntas qué tal el fin de semana; otras veces, no se callan «ni debajo del agua». A veces, la clase es como una bomba de relojería y otras te dicen que «hoy no, por favor, hoy no, déjanos la hora libre». Y cierto es que, si lo pienso, yo tampoco soportaría seis horas de exposición seguidas, me sería difícil mantener la atención tanto tiempo y tampoco sé si me caerían bien todos los ponentes. Y si lo extrapolo a cursos que he podido realizar, lo normal es tener menos intensidad, de lo contrario, acabaríamos desconectando. Son jornadas que yo elijo voluntariamente y es verdad que ya por la tarde llego regular. Si fueran seis horas concentradas por la mañana, no sé qué sería de mí. Por otra parte, hay que decir que, igualmente, yo soy ya de lo que suele llamarse mediana edad y que no estoy para determinados trotes, pero es que ellos son jóvenes y también necesitan tiempo para otros asuntos. Habrá quién no haga nada, pero los habrá que toquen instrumentos musicales, que practiquen algún deporte, que lean o que se hayan apuntado a algún taller de escritura creativa, como tuve yo a mi alumna Cristina.

Nosotros queremos que ellos rindan de forma completa durante todo el tiempo que están en el centro, pero habrá momentos en los que no tengan ganas, en los que estén cansados o en los que hayan padecido cualquier desgracia familiar (y si no estamos atentos a lo tristes que puedan aparentar, a lo peor ni lo sabremos). Todos tenemos momentos malos o de bajón y es difícil estar a tope en todo momento. Yo ya lo reconocí unas líneas atrás. Los niños no son diferentes a los adultos en ese sentido, también sufren, padecen y se emocionan.

Y en un aula de secundaria, como en tantos otros lugares, las emociones están más que a flor de piel; a veces, se arrastran por los suelos y debes tener cuidado para no pisarlas; otras, salen aleteando por las ventanas a través de miradas furtivas que enloquecen al dueño de las mismas; otras veces, se dispersan en medio de la nada; hay momentos en que se estampan a tortazos en la cara de un compañero que «me miraba mal»; otras muchas, simplemente las emociones hibernan absortas entre los desconchones de las paredes, como esperando que alguien las blanquee un poco para que no se vean; y también se desperdigan por entre los enseres del aula, unas se cuelgan en las perchas, otras se van a las papeleras y otras hacen que los niños hagan lo que, en realidad, no quieren hacer, pero lo hacen, como romper un cristal. Y sea como fuere, están ahí. Vivimos con, para y de nuestras emociones, nos guste o no. Y no podemos ni debemos ignorarlas, sino que, como la vida misma me ha enseñado, debemos convivir con ellas y educar y aprender a canalizarlas de la forma más óptima. A mí nadie me enseñó… y me está costando toda una vida aprenderlo. Recordemos que la palabra «emoción», etimológicamente (y resumiendo mucho su evolución) proviene del verbo latino *movere* (mover, trasladar) y del prefijo *e-/ex-* (de, desde), por lo que podemos decir que son aquellas situaciones que nos mueven de donde estamos y nos trasladan a otra parte, algo que nos saca de nuestro estado habitual y, por tanto, nos puede llevar a conductas que no son propias de nosotros en condiciones normales.

En un aula de secundaria hay que entrar con una paciencia infinita y extraordinaria, hay que tener mucho temple y saber manejar la mano izquierda y la derecha… a veces, incluso, debemos hacernos el manco.

Además, hay que saber reconocer errores. Nos equivocamos todos los días, yo al menos, quizás vosotros no… si es así, mala

suerte, porque de los errores se aprende mucho y cuando llegan hay que saber aceptarlos, asumirlos y pedir perdón si fuese
necesario. Que no se nos caigan los anillos; esos gestos son los
que hacen que los chicos nos vean como personas de las que se
puede aprender.

Son almas en convulsión constante, con muchos posibles
puntos de inflexión diarios… Hay que darles lo mismo que les
pedimos. Si nosotros les gritamos, ellos tienen derecho a devol-
vernos los gritos que antes proferimos. Sin más. Son personas
y tienen los mismos derechos que nosotros. Esto parece obvio,
pero la cotidianeidad de la vida nos demuestra que no es tan
de Perogrullo como debería de ser. Alguna vez he insinuado o
preguntado a algún alumno que si era tonto, y él me preguntaba
igual a mí. Nunca amonesté por eso si antes había empezado yo a
descontrolar la situación, aunque sí que hablé y aclaré la situación
con él, o con la clase si había sido en público.

Desde el momento en que los chavales te vean, te sientan y
te respiren así… humano, cercano, educado, respetuoso… todo
lo demás viene rodado. Luego habrá días malos (tuyos y de ellos),
pero se sobrellevan de otra forma. Lo fundamental es la cercanía,
el cariño, el respeto, el interés por ellos. No hablo de «colegueo».
No somos sus compañeros, sus amigos o sus camaradas, somos
compañeros de viaje en una etapa en la que coincidimos. A veces, incluso, se prolonga en el tiempo y se crean lazos nuevos, o
diferentes, una vez que se han ido de tu centro.

Si os fijáis bien, para tratar a los adolescentes hay algo que nos
debe quedar muy claro: son personas y les gustan que los tratemos
tal y como nosotros queremos que nos traten (ellos o cualquier
persona). Yo he dejado de comprar en algunos comercios solo

porque la persona que atiende es grosera y considero que no tengo por qué soportarlo. Salvo que ellos no tienen tan fácil el cambiar de centro.

Estar atentos a los chavales y a lo que les sucede en el día a día (por qué están nerviosos, tristes, contentos…), **presentarte tal y como eres**, no comportándote como el Dr. Jekyll y Mr. Hyde (en clase un ogro, fuera de ella una figurita de porcelana); **invertir tiempo** en conocerlos (algunos lo llaman perder el tiempo, yo insisto en la idea de inversión), **saludarlos por su nombre** al entrar en clase, **desearles** una buena tarde o un buen fin de semana los viernes; **dejarles** abrir su mente, sus pensamientos, que se expandan, que colaboren, que creen algo nuevo, que lean lo que les apetezca, sin imponer lecturas, sin mandar tareas inútiles para casa; **no hagas exámenes**; **llévalos de excursión** a lugares, a talleres… a todos los que puedas; **bájalos al patio** a dar clase o, simplemente, a tomar el sol y pasear, observando (luego pueden contar, escribir, dibujar… cómo se han sentido o qué han visto); **haz relajaciones** o meditaciones; **charla** sobre un tema que salga, dejarlo salir y estirarlo hasta donde llegue, sin dejarte limitar por el temario.

En este libro os he recopilado diversas historias que, a lo largo de mi carrera profesional, he conocido en primera persona. Todas ellas las reflejo como en un mismo instituto hipotético para tu comodidad, estimado lector, y como técnica narrativa, pero nada más lejos de la realidad, están inspiradas en hechos reales, si bien se han narrado utilizando recursos literarios. Probablemente sepas de alguna historia semejante, ya que, para bien o para mal, hay miles de testimonios similares a lo largo y ancho de este planeta y en el paso del tiempo y, como se suele decir, la realidad, a veces, supera a la propia ficción, y, en mi caso, ha formado parte de mi existencia más que de mi imaginación. El vocabulario, en ocasiones, puede ser grosero u ofensivo, no es más que el reflejo de la situación en la que trabajé durante años.

Vengo a contaros sucesos biográficos que rara vez llegan a conocerse, aunque en el fondo todos podamos intuirlos. La realidad que se vive en los llamados Centros de Atención Educativa Preferente o en los centros de barrios marginales rara vez llega a conocerse y se pierden en el olvido más oscuro de las mentes que las rozan. Yo vengo a escarbarlas, a removerlas y, con ello, a contar que la educación debe cambiar desde lo más primario que tenemos, que son las personas con las que convivimos, porque solo así podemos fomentar cambios en las familias y, por tanto, en sus hijos. Y es que, probablemente, ese sea el punto de arranque para crear un mundo en el que estemos interconectados, pero no solo por las redes tecnológicas, sino personalmente, un mundo en el que fluyamos todos juntos hacia el mismo devenir de felicidad. El sistema condena al olvido y al destierro vital a personas que se entuban en la vida en el único camino que se les muestra desde diversas perspectivas. Nuestra labor podría ser otra bien distinta con estos chicos, pero nos encorsetan de tal forma unos y otros que, al final, tampoco podemos avanzar cómodamente, más bien, salvando obstáculos de todo tipo: a veces son las familias; a veces, son tus compañeros; otras, tu equipo directivo.

Las crónicas que ahora vengo a contaros son terribles en su mayoría. Ellos necesitan, desde el anonimato, que sean contadas, que el resto del mundo sepa que, casi siempre, sus actos y sus actitudes son fruto de sus circunstancias y que, muchísimas veces, nadie les educa para poder cambiarlas.

Por ello, desde este libro, **reivindico una educación emocional que debería ser fundamental** y que, por su inexistencia, venimos sufriendo sus consecuencias en casi todas las facetas de lo que nos rodea. El exacerbado número de distracciones al que nos dejamos someter a diario en nuestra vida junto con el hecho de no tener un minuto de silencio para respirar la vida en nuestros poros, con el hecho de no saber gestionar qué nos sucede en nuestro interior más profundo, con la elección inducida de no dedicar tiempo a reflexionar sobre aquello que nos sucede y que nos guía en nuestra vida por caminos más o menos sinuosos y acabar, así, sin saber siquiera poner nombre a aquello que vivimos hace que el cambio en el sistema educativo sea más que necesario para poder producir los cambios necesarios en un nivel social y relacional más extendido. Sin embargo, y de forma inconsciente, no hacemos más que generar violencia, incomprensión y falta de entendimiento. Incluso algunos de los padres y de las madres que enarbolan la bandera de la educación respetuosa, dejan de serlo cuando quieren imponer a toda costa sus criterios o en cuanto se les toca la vena sensible o se les contradice «su verdad». Y el profesorado, ni te cuento… Algunos están incluso por encima de eso. De todo hay. El rey Sol es un dibujo animado al lado de algunas de estas personas. El problema no está en equivocarse, sino en que reconozcamos que nos hemos equivocado y tomar las medidas necesarias para enmendarlo o, al menos, intentarlo. Porque lo que subyace de fondo (o debería), como núcleo de todo, no es más que el alumnado: esos individuos que merecen nuestra atención, dedicación y respeto.

Las historias que os relato me marcaron en mi vida, tanto en el nivel personal como en el laboral. Han sido hitos profesionales y cambios cualitativos en mi camino de profesor de secundaria. Y en algunas de ellas creo que actué de forma adecuada, pero también he de reconocer que en otras pude haber hecho por algunos de mis alumnos algo más de lo que entonces hice. Solo con el tiempo me he dado cuenta de lo que podría haber realizado por algunos de mis alumnos y que no hice. Pido disculpas a aquellos que decepcioné o que dejé a su suerte. No era mi intención, era ignorancia, o cansancio, o dejadez, o falsos aprendizajes por mi parte. No son excusas ni justificaciones. Es lo que es y lo que fue. Mis errores con ellos fueron mis aciertos del futuro. Y aún lo siguen siendo.

He gritado, he chillado mucho, sí que lo he hecho, a veces, como recurso teatral para captar la atención, otras… por enfado, descontrol o pérdida de los nervios. Sin embargo, también he atendido; he escuchado, mucho, muchísimo; he querido; he reído y nos hemos divertido aprendiendo.

He expulsado de clase y también he firmado expulsiones a casa en ocasiones en las que no debía haberlo hecho. Un mes de enero firmé cincuenta y cuatro. Algunas no eran para tanto, pero me vi preso de mis circunstancias y de las de mis compañeros, que gritaban en el patio: «¡A Barrabás! ¡A Barrabás!» Otras veces no tuve más remedio, dado que en el aula te encuentras con otras personas que sí quieren aprender y a las que no les puedes dedicar ni un minuto de aprendizaje. Tampoco es justo. Por eso siempre he dicho que había que bajar la ratio, deberíamos tener menos alumnos en clase para poder atenderlos de verdad, de forma individualizada y personal. Esto no es un capricho de un profesor que quiera trabajar más cómodo, no. Si lo miráis bien, teniendo paciencia, lo más cómodo sería que hubiera muchos alumnos, porque como no los puedes atender, al final, si quisieras, podrías trabajar mucho menos, perdido en el anonimato de la muchedumbre.

Estas historias han sido faro y guía en mi navegar académico. Me han iluminado el camino (y, en ocasiones, ni me daba cuenta de esa luz). Me han llevado al puerto que quería llegar, aunque no lo supiera. Y, desde ese anonimato, quiero agradecer a tantos alumnos y alumnas todo lo que he aprendido de gracias ellos.

Me gusta mi trabajo. Disfruto con él. Adoro a los adolescentes, aunque a veces me han sacado de quicio, pues no dejo de ser humano.

Soy una persona afortunada. Sin duda.

Me gusta mi trabajo.

Y, ahora, espero que os gusten mis historias, mi aprendizaje, mi vida: mi libro.

Introducción

El ejemplo del buen profesor

Todo aquel que cuida y educa a niños sabe que ello
es una gran aventura en la que solo hay una cosa segura:
¡no sabes lo que se te viene encima!
ELINE SNEL

Durante mucho tiempo ni siquiera era consciente del poder que tenía un maestro o un profesor sobre sus alumnos.

Durante mucho tiempo ni siquiera me di cuenta del ejercicio de influencia que realizábamos o podemos realizar sobre ellos en casi todo momento, o el que han llevado a cabo conmigo en otros tiempos.

Durante mucho tiempo mi pobre mente no alcanzaba a darse cuenta de que dejamos una huella sobre muchos de ellos: algunos tendrían una buena huella y otros no tanto; al igual que otros nos las dejaron antes a nosotros mismos.

Durante un largo período de exposición al alumnado, nunca pensé que fuera a trascenderme tanto en el hilo temporal de mi vida, al mismo tiempo que, aparentemente, no lo hacía nada en el día a día.

Me faltaba un poco del sol temporal que se requiere para madurar las experiencias de las que tendría que sacar todo su jugo.

Tuve un gran profesor en la facultad y quiero hacerle un pequeño homenaje con estas palabras: José de la Torre. Me hizo pensar, reflexionar, crear… Este profesor era un visionario capaz de intuir por dónde andábamos cada uno. En una clase de cien alumnos, me sorprendió que José me llamara a su despacho para tener una importante conversación que quedó sumida en el olvido hasta este preciso momento en que la he recordado a la par que la escribo.

Antes de entrar en ese despacho, te pongo en contexto.

Yo iba a sus clases y estaba atento, si bien en ocasiones llegué a pensar que era un poco extravagante, con el paso de los años vi más claro su trascendencia y aprecié su increíble apertura de mente.

Llegó mi primer examen en aquella carrera, que fue con él. Me senté. Aquel era un momento muy importante en mi vida. Había apostado fuerte (muy fuerte, diría yo, o, desde luego, yo lo viví con la intensidad que se merecía por mi parte) por una serie de cambios radicales en mi vida y que me hacían estar en una tesitura compleja y difícil de digerir.

Primera pregunta: las seis funciones del lenguaje. Me las sé. *Chupao.*

Me las sé. *Eran…*

Me las sé.

¡Mierda! ¿Cuáles eran? ¡Si me las sabía!

«Intenta otra pregunta», me decía a mí mismo. «¡Que no! Si esto te lo sabes, si esto es el *aeiou* de la carrera…».

Son minutos de tensión creciente que estallan en emociones encontradas que me dejan en un sinsabor desagradable que no estoy dispuesto a aceptar. Tras sudar lo indecible, renuncio.

Acepto.

Me levanto y me dirijo hacia el profesor:

—Señor De la Torre, aquí tiene usted el examen.

—Está en blanco.

—Igual que yo, señor. Me he bloqueado y ahora mismo me falta hasta la respiración. Necesito pasear. Ya tendré otra oportunidad más adelante. Gracias.

Me fui a andar. Estuve más de una hora vagando sin rumbo ni destino por el campus. Andando ligero o pausado a veces, pero siempre desgarradoramente abatido. Tuve tiempo para diversas opciones. Lloré. Me agobié. Solté.

Me marché a casa, pensando en qué iba a decirle a mis padres, aunque *de facto*, estaba más que claro: que no sabía bien cómo lo había hecho y que ya veríamos la nota. El fracaso pesaba sobre mí como una fina loncha de plomo endurecido que me abrazaba con crueldad.

Varias semanas después, tras volver a la rutina de las clases, el señor De la Torre me dijo que por qué no iba a su despacho cuando tuviera un hueco y charlábamos. Y así lo hice.

Me dijo que el examen era muy fácil y que algo debía haberme pasado para, realmente, dejarlo completamente en blanco. Me preguntó directamente si tenía algún problema. Le expliqué mi situación, cuál había sido el camino y en qué punto me encontraba de toda esa travesía. Sonrió con ternura mientras escuchaba con paciencia infinita las vicisitudes que un estudiante de veintiún años le contaba. Sí, veintiuno. Yo empecé la carrera de Filología con veintiuno, tras abandonar Ciencias Económicas. Pero esa es otra historia.

Tras escuchar como nunca nadie me había escuchado en todo el sistema educativo, concluyó de forma sencilla y humilde:

—Querido Álvaro, las personas inteligentes, como tú y como yo, solemos ser muy vagas. Todo es tan fácil que, al mismo tiempo, se puede ver complejo. Tu inteligencia brilla en tu cara y en tus palabras. Si apruebas el segundo examen que haremos en mayo o en junio, te apruebo la asignatura completa.

—Lo haré, se lo aseguro. Lo haré —le dije entusiasmado y aliviado.

No sé si soy así de inteligente, pero lo que sí tengo claro es que de tonto no tengo un pelo.

Ahora, recordando este momento tan crucial y que tenía completamente olvidado en el limbo de mi mente, escarbando al son de la canción *All of me*, de John Legend, se me saltan las lágrimas. Hacía tiempo que había arrinconado este instante de mi vida en cualquier cajón de la memoria y, de repente, sentado frente al ordenador, sin saber qué escribir hoy, he empezado por esto.

Paro, cierro los ojos, conecto conmigo mismo y siento.

Y siento que tal vez José de la Torre sea la chispa que me prendió fuego por una educación respetuosa, que observaba, que atendía, que reflexionaba y que hacía partícipes a sus alumnos. Seguramente no era así con todo el mundo. Somos humanos. José de la Torre decía en sus primeras clases que si a nosotros nos aterraba iniciar una carrera universitaria, los exámenes y toda esa parafernalia, que pensáramos un momento en él:

—Desde el primer día estoy siendo examinado constantemente por cien pares de ojos que no se pierden ni un segundo de lo que hago o digo. Si tropiezo, si caigo, si cometo una falta de ortografía en la pizarra… ¿Saben ustedes el estrés que supone eso para dar una clase? Vamos a intentar relajarnos todos.

Aprecié su sabiduría y sus enseñanzas cuando ya pasaron los años. José de la Torre: el profesor que, en un momento crucial, supo infundirme, justamente, con aquello que necesitaba más que nada en la vida. ¡Eso sí que es tener una supervisión! ¡Y no la de Superman!

Decía J. Brown: «Nunca olvides que basta una persona o una idea para cambiar tu vida para siempre, ya sea para bien o para mal». En mi caso fue para bien. Mi agradecimiento para este señor que tanto me hizo descubrir en literatura y en mí mismo. ¿Qué será de él? Me gustaría agradecérselo en persona.

La superación del miedo
y la timidez

Para viajar lejos no hay mejor nave que un libro.
EMILY DICKINSON

Enseñar es aprender dos veces.
JOSEPH JOUBERT

Abrí los ojos de un mazazo.

Me sorprendí a mí mismo con una desazón incombustible. La respiración entrecortada, angustiada, casi asmática. Así, tumbado en la cama, sentía perfectamente cómo mi corazón llamaba a las puertas del pecho para salir, como pidiendo permiso, pero sin pedirlo, pues nadie le había ordenado tal acción.

Me incorporé extasiado, mareado incluso. Una muy sutil gota de sudor me resbaló por la espalda deslizándose desde la nuca. La cabeza me había sudado mucho. Debía ser por no haber parado de ejercitarla toda la noche.

El día, sin embargo, al contrario que yo, amanecía realmente precioso. Los rayos de luz entraban en la habitación o... más bien, la luz entraba rayada por el efecto de las lamas de la persiana. Me levanté para subirla al completo. Me encanta la luz y que esta me dé los buenos días todas las mañanas. A mi mujer no le parece igual de bien. Ella es más de dormir hasta que ya no pueda más y le duela la espalda. El escenario era inmejorable. Desde que decidimos irnos a vivir al campo, aunque muy cerca de la ciudad, no hubo más que ventajas. Las montañas se disipaban en mis ojos ante el mareo que me estaba dando. Abrí la ventana y el aire fresco me embargó de una cierta y momentánea tranquilidad, pero el desasosiego pudo más y volví a sentarme en la cama, contemplando igual el paisaje.

¡Qué noche más mala! Hacía tiempo que no tenía una igual. Qué complejo el ser humano. Qué lástima no poder desconectarse como una máquina… Bueno, en realidad, qué bien que no era un artificio autómata, pero es que había pasado una noche francamente horrible.

Me quedé mirando mi pierna derecha, y veía ciertos espasmos musculares. Tampoco nadie había ordenado aquello, ocurrió de forma involuntaria. ¡Maldita sea! ¡Tan complicado no tendría que ser afrontar ese nuevo día! Sin embargo, la cabeza parecía estar a punto de estallar. Una desazón, quizás la misma de antes, se apoderó de mi estómago y me advirtió de que, en el peor de los casos, debía ir al baño a vomitar, aunque logré autocontrolarme. Eso sí fue ordenado.

Intenté respirar hondo varias veces, al tiempo que la sudoración aumentaba con una progresión geométrica. El nudo de la garganta ya había desaparecido, ahora era más bien un cuadro de nudos marineros… ¡Qué horror!

Mi sensación de mareo e inestabilidad me pedía a gritos que volviera a tumbarme en la cama. No quería iniciar ese día. Todo sucedía de una forma inesperada y la intuición me decía que iba a peor.

Me seguí concentrando en la respiración, fijé la mirada en un punto del techo. Aproveché una vieja chincheta de cuando colgué un adorno, y respiré; volví a respirar y seguí respirando suave y dulcemente. No hay nada como concentrarte en la respiración. Sin saber cuánto tiempo había pasado, comprobé que mi organismo comenzaba a vivir una media normalidad. Con recelo, volví a sentarme. Estaba menos agitado que antes, así que, pasados un par de minutos, decidí acercarme de nuevo a la ventana a respirar el aire puro que provenía de las montañas. La inquietud fue volviéndose quietud muy lentamente. Parecía que volvía a ser conscientemente dueño de mí mismo.

Y eso me aportaba seguridad.

Desde esa falsa sensación de paz, recordé qué día era. Hoy tenía que incorporarme por primera vez a mi nuevo trabajo. Un par de meses antes había aprobado las oposiciones para ser profesor de secundaria en un centro de Andalucía. Y ahora, tras un verano en Brasil, ya sabía mi destino para este curso: un instituto conflictivo. Ni idea de cómo había acabado ahí. La inexperiencia de no saber pedir destinos, suponía. Tenía fama de ser bastante problemático, especial y de muy duras tareas. Estaba ubicado completamente a las afueras de mi pequeña ciudad. De Atención Educativa Preferente, así los llamaban. Centros donde compensan el sistema tradicional de nuestra educación con ofertas más abiertas. No lo entendía. Solo sabía que iba a un IES con alumnos gitanos. Me decían que no era un barrio normal. Nunca me gustó ese tipo de diferencias: ¿Por qué era uno normal y otro no? ¿Es que el gitano es anormal[1]? En fin, supongo que con el tiempo vería las diferencias entre uno y otro, pero lo de trabajar con los gitanos se me había hecho duro, todo el mundo parecía querer atemorizarme con tan descabellada

---

[1] Y entiéndame cuando lo escribo, sin ánimo de ofensa alguna, todo lo contrario.

idea. Normal que me levantara de la cama ese día con tal agitación. Y eso que hoy no iba a enfrentarme con los alumnos, hoy solo iba a ver el centro, a conocer a los compañeros de trabajo (a lo mejor me quitaban el miedo, ese que otros habían instaurado).

Ahora, más relajado tras haber puesto nombre y apellidos a la sensación tempranera, decidí seguir con las rutinas diarias. Acabé en la cocina, con vistas al huertecito, preparándome un té marroquí con sirope de ágave y un par de rebanadas de pan de espelta prieto con aceite, ajo y un tomatito de nuestra huerta… de los últimos que estaban saliendo ya a estas alturas del año. Una buena mezcla cultural de la gastronomía.

Soy profesor de secundaria en un centro que aún desconozco, pero del que todo el mundo me ha hablado no muy bien (por ser condescendiente) y han acabado metiéndome el miedo en el cuerpo sin yo haber pedido nada, como suele suceder en estas situaciones.

En realidad, esta sensación descrita es solo un recuerdo anclado en mi memoria de forma clara y precisa. Es el principio de toda esta historia. Es el momento en que inicié un camino del que no me fui nunca.

Con apenas trece años decidí ser profesor. Ayudaba a compañeros, hacíamos grupos de estudio y yo les explicaba ecuaciones, estadística… Recuerdo a mi compañero Kiko… lo que aprendió de matemáticas y cómo me agradecía el haber aprobado. Lo supe desde siempre. Me costó mucho reencontrarme, salirme del engranaje maldito en el que estamos inmersos de esta Matrix[2]

---

[2]   Alusión directa a la trilogía filmográfica que lleva el mismo título.

que nos domina, pero logré apartarme, ver la realidad como un observador y reubicarme de nuevo con una naciente perspectiva.

Y quiero traerte ahora este recuerdo, precisamente ahora.

Las historias de algunos de mis alumnos y alumnas[3]. De esos que me han marcado la vida para siempre. De esos que, de alguna forma, se quedaron conmigo y me acompañaron en mi tránsito laboral, guiándome en mis malos pasos, enseñándome en mis errores, guiándome en mis oscuridades taciturnas de la vida escolar en la que entré de cabeza.

Historias que os traigo del olvido atemporal desde un limbo que aún desconozco.

Esto es lo que me ha pasado a lo largo de más de quince años. Yo me iré tras sembrar, a veces plantas buenas, a veces no tanto, pero con la satisfacción de que mis alumnos apreciaban mi trabajo y me querían.

Esta es la realidad, al menos tal como yo la viví.

---

[3] Y aquí sí quiero hacer una distinción manifiesta entre ambos géneros.

La importancia de la comunicación y del respeto

*La realidad no es otra cosa
que la capacidad que tienen de engañarse nuestros sentidos.*
Albert Einstein

*Trabajar en filosofía, como trabajar en arquitectura,
en muchos sentidos, es en realidad un trabajo
sobre uno mismo. Sobre la propia interpretación.
Sobre el propio modo de ver las cosas
y lo que espera uno de ellas.*
Ludwig Wittgenstein

Tras las reuniones pertinentes en las que normalmente no suele hacerse nada útil, porque lo que se dice ya lo sabes, porque lo que se expresa crees que ya lo sabes, o porque lo que se nos cuenta, en el fondo y en la superficie, te da exactamente igual; salí de aquella sala tan estrecha y agobiante, llena de gente, casi sin asiento y medio hacinado. Así suelen ser la mayor parte de las reuniones y claustros de un centro, y no por la aglomeración, que también. De vez en cuando surge alguna discusión, es más, si tu centro es algo follonero o peleón o una de las partes resulta bastante imbécil laboral y hasta personalmente, entonces tienes la podredumbre servida en bandejas de plata. Llevar la contraria, protestar por todo, poner pegas, dar bufidos constantemente, mandar callar cuando se acerca algún miembro del equipo directivo, criticar a espaldas de dicho equipo, poner trampas, insultar, hacerse el tonto cuando hay que echar una mano entre todos, soltar basura por ahí para ir creando un caldo de cultivo asqueroso en el que recrearte… He visto mucho ya en otros tiempos en los que hacía sustituciones en diversos centros, sin embargo, en este claustro fue todo normal. O, al menos, pensé que era normal.

Nos repartieron los horarios y nos confirmaron nuestras horas de clases, las horas de entrada y salida, nuestra tutoría, las guardias, con quién… Como era nuevo y a mí siempre me parece todo, de entrada, bien, pues salí contento. Sin embargo, oía gritos… Luego descubrí que era María Pilar, aunque odiaba ese nombre largo y prefería María, a secas. Ya me contaron que María solía tener este tipo de actuaciones y montar esos números el día de los horarios. «Creía que éramos amigas. No le puedes hacer esto a una amiga. Llevo aquí un montón de años para esta mierda de horario», decía. Una inconformista, no; más bien una caradura. Algo egoísta parecía en esas situaciones.

Repasé mi horario y entonces lo vi, como si tuviera ahora un letrero luminoso, unas letras mayúsculas me llamaban a gritos: «TUTORÍA: 1º F». En aquellos años, era de todos sabido que cuanto más avanzaba la letra de tu tutoría, más posibilidades de mal rollo podía y debía darte. En mi centro había A, B, C, D, E y F, y yo era tutor de la F. Peor impresión imposible. Esa es la realidad de este país o de la especie humana, que, en ocasiones, cada uno parece mirar solo hacia sí mismo, sin pensar en un bien mayor.

Pues bien, como decía, así era: un país en el que al más pardillo le damos la peor tutoría, que como acaba de entrar, tiene más aguante, así que… ¡qué apechugue! Al experimentado, que ya sabe cómo manejar las diversas situaciones, a ese, mejor las tutorías dulces, las estudiosas, en las que no hay apenas papeleo y pueda pestañear cuanto quiera.

La verdad es que como siempre me suelo adaptar a las situaciones lo mejor que puedo, pues lo intenté, pero no os negaré que fue un año difícil. Muy difícil. Horrible. Aunque también guardo unos recuerdos inmejorables de aquellas personas, muchas de las cuales estaban más perdidas que Espinete en el campo.

Viendo aquella letra F, recordé mi experiencia en un centro concertado tres años antes, en primero de bachillerato y en la asignatura de Filosofía. De repente, mientras yo intentaba contarles lo que era el concepto de «utopía» a partir de unos textos del señor Tomás Moro, un alumno, bastante más alto que yo (no es que esto sea un hecho objetivo en sí, se trata de que yo, de por sí, no supero el metro setenta y cinco ni por asomo), con peor pinta que yo y, que yo recuerde, sin venir a cuento, se levantó y empezó a gritarme: «¡Tú quién mierda te crees que eres! ¡Gilipollas! ¡Cómo acabas de llegar ya te crees que debemos hacerte reverencias! ¡Tú no eres nadie! ¡Que lo sepas! ¡Nadieeee!». Esos son los momentos en los que el pragmatismo aflora en tu mente fría y te dice, por ejemplo, que si te encaras con el alumno te va a cruzar la cara y eso no será bueno para ninguno de los dos. Como me pilló de pie, en plan peripatético, decidí reposar mis nalgas sobre la mesa del profesor, así, aparentando tranquilidad, cruzando los brazos y mirándole fijamente. No le dije ni lo más mínimo. Cuando terminó, se volvió a sentar en su silla y yo dije algo así como: «Parece que ya se ha desahogado. Sigamos con la clase». No me pidáis que recuerde cómo continué con la explicación. Ni idea.

Y aquella historia se me vino a la cabeza en el momento en que vi la letra F. Pensé: «Voy a tener muchas de estas, me parece a mí que sí, seguro. Instituto conflictivo, compensatoria y letra F… Esto no pinta nada bien». Y, efectivamente, tuve muchas otras de estas.

Yo, que venía de trabajar en centros concertados que no presentaban grandes problemas; de centros concertados donde el alumnado, normalmente, era mayoritariamente disciplinado (en aquel entonces me parecía bien y, sobre todo muy tranquilo y cómodo), de repente, me veía inmerso en la película *Mentes peligrosas* de Michelle Pfeiffer[4]… si al menos estuviera ella. Pero no, no estaba ella, estaban sus alumnos. Y otros más que, la verdad, eran más normales, menos mal, todo hay que decirlo.

Suerte que yo, superficialmente hablando, tengo muy poca vergüenza, en el sentido positivo de la expresión. De fondo, era tímido (todavía también, pero menos), pero para hacer tonterías y payasadas… me las apañaba solo sin problema.

La intuición (que, con el tiempo, he valorado más que nada en mi vida laboral) me llevó por un camino placentero de cercanía y distancia con los alumnos en diferentes tiempos. En más de una ocasión, los alumnos de mi tutoría no me dejaban entrar en el aula porque empezaban a *flamenquear*, que es como yo les decía cuando empezaban a cantar por faralaes. Y en esos cantos flamencos, en ocasiones, lo que recitaban era mi propio nombre. Taponaban la puerta y hasta que yo no me ponía a cantar con ellos y a hacer aspavientos tipo Lola Flores, no me dejaban entrar. Con mis «gráciles» y torpes movimientos flamencos se reían sin

---

[4]   Éxito cinematográfico de 1995 dirigido por John N. Smith.

parar, los muy cachondos, y así, en ese estado de relajación del alumnado, yo podía llegar hasta mi mesa.

En fin, eso fue en algunas ocasiones, pero no en esta primera vez que entré a la tutoría.

Me quería morir.

Pero no como una expresión que se dice. No. Es que me quería morir. De verdad.

Honestamente, en ese instante querría haber estado en la playa, que me hubiera tocado la lotería o hasta ser monarca (esto último se me pasó en breve). Aquello era incluso peor de lo que había imaginado. No paraban de levantarse, de saltar, de correr de un lado para otro, de reír, de (con perdón, pero era literalmente así) cagarse en sus muertos... Así, como te lo cuento. Para qué lo voy a disfrazar con otras palabras más suaves. ¿De dónde habrán salido estos chicos? Con el tiempo lo entendí perfectamente. Es más, siempre daba gracias de que estuvieran en el instituto, eso quería decir que no estaban robando en la calle o vete tú a saber. Y eso que, con el paso de los días, algunos se iban de repente a «casa de un primo», te decían, «con su padre a otra ciudad...» Luego averiguabas que realmente los habían metido presos en cualquier sitio y sus madres pasaban una vergüenza horrible solo de decirlo. Así que se inventaban una historia que imagino que ellas mismas pretendían creerse para poder sobrevivir en su día a día. Y te lo contaban, aunque, en el fondo, sabían que tú conocías la realidad. En ocasiones, les seguías la corriente, porque entre los parpadeos de sus ojos había una lágrima inacabada en la que vislumbrabas la rabia, la contención y una pena que rozaba la agonía; y yo me hacía el fuerte a veces, y otras, lloraba con ellas (en la mayor parte de estos casos era la madre la que venía a hablar, el padre solía estar ausente, no existir o estar en la cárcel). Nunca me llegué a acostumbrar a estas situaciones, aunque sí fui perfeccionando la forma de afrontarlas lo mejor posible para con la familia con la que hablaba.

Prostitución, drogas, cárcel, abandonos, tribunales y fiscalía de menores, exámenes custodiados por la policía, robos en el insti, amenazas, denuncias en los juzgados, peleas, confiscar navajas... Si me llegan a decir hace veinte años que en mis primeros trabajos de instituto público me iba a encontrar con este tipo de situaciones, no me lo hubiese creído. Ni por asomo. ¡Cuánto disfruté y aprendí! ¡Y también cuánto lloré y sufrí! No cambiaría esos años por otros, eso sí lo tengo claro. Estoy donde estoy, personalmente hablando, por ellos, por todas esas experiencias tan intensas. Y algunas son las que te voy a contar aquí.

Y allí, frente a ese cúmulo de despropósitos humanos[5], estaba yo. Y decidí (porque pensarlo no lo pensé, la verdad), que lo mejor era tratarlos con cercanía y a su altura. Aprendí mucho vocabulario gitano, tanto que, a veces, hasta me daba *lache* o me picaba un *pinrel* o me quedaba mirando los *sacai* de alguien para decirle algo serio, o algo bonito o algo enfadado.

También aprendí muchas palabrotas. Nunca he hablado tan mal en mi vida como desde que empecé a dar clase a estos alumnos. Pero, seamos honestos, a estos alumnos no les puedes hablar con «cáspita» o «córcholis». No se trataba de ponerse a su altura, sino de establecer un medio de comunicación útil con ellos utilizando el mismo código. Si un chino habla con un inglés, cada uno en su lengua... ¿qué van a entender? Para poder

---

[5]   Y lo escribo desde el cariño.

comunicarme con aquellos alumnos era necesario hablarles para que te entiendan, porque si no hay conexión, no hay nada. Qué vas a enseñar, cómo vas a educar, cómo vas a transmitir valores si no hay primero un vínculo de unión comunicativa con el que establecer un camino de trabajo diario. Ellos te respetan más de lo que la gente se cree, pero desde ese nexo, no desde la autoridad malentendida por una gran parte del profesorado. El respeto no es miedo, es simple y llanamente respeto. No entiendo la cantidad de matices que le hemos transmitido a esta palabra y que sigue arrastrando generación tras generación. Siempre he respetado a mis alumnos y casi todos ellos me han respetado, aunque alguna vez se hayan «acordado» de ciertos familiares míos. Yo entendía el contexto en que lo decían y no lo tomaba a mal. Sabía que en realidad me decía: «Jolines, señor profesor, hay que ver cómo eres, eso no me ha gustado nada». Pero ellos nunca han tenido a su alcance esas palabras, por eso te llaman «vacilón», «chulo», «capullo»… hay que entender las tonalidades, y también explicarles formas mejores. Se trata de hablar en su idioma, sin dejar de educarles en otras formas. Cuando ya te llaman por tu nombre y con diminutivo, entonces les tienes que dejar claro que eso es un abuso de confianza. Sé que probablemente es difícil de entender: ¿Te pueden llamar «capullo», pero no por tu nombre en diminutivo? Así dicho sé que puede sonar paradójico. La clave consiste en no permitirles que abusen de la familiaridad. El improperio, en estos contextos del extrarradio de la ciudad, es una forma cariñosa de comunicarse contigo, la forma que ellos manejan y que han ido aprendiendo en su aún corta vida. Para eso, como ya digo, están las entonaciones. Si te ofenden con un mal tono (desagradable, maleducado, gritando, retando, amenazando…), les tienes que dejar igualmente claro que eso no es correcto… claro que, con el tiempo, aprendí a decírselo con formas menos abruptas e insultantes, y así dejar de caer en su mismo vicio.

Es algo complejo. Somos seres complejos.

Sí. Las personas somos complejas. Cada uno tiene sus «cadaunadas», como decía cierto teólogo con el que coincidí en una ocasión. Nos cuesta entender a otros. A veces nos cuesta comprendernos a nosotros mismos, ¿cómo no va a ser normal que no entendamos a otros?

Yo sé que hay gente que no entiende esto que digo en cuanto a la forma de tratar a mis alumnos y alumnas adolescentes. Por eso ellos, tal vez, no están en un centro desahuciado jugándose las emociones minuto a minuto. Sin embargo, a mí me funciona. Los chicos problemáticos trabajan desde sus cimientos (sean los que sean), y si tú partes de esas mismas estructuras (y no de los tuyos propios, que, en estos casos, son muy diferentes) reducen su índice de conductas contrarias. En mis clases, comparándolo con otras, son más agradecidos y te piden que el año próximo le des tú de nuevo, porque los entiendes mejor que otros y se sienten a gusto y libres. Para mí eso resulta suficiente y eficiente. Me indica que muy mal del todo no lo estoy haciendo. No termino las programaciones, hay días en que «perdemos»[6] la clase porque hablamos de un problema que ha tenido alguien y lo comparte con todos los demás y entre todos le ayudamos, aconsejamos o, simplemente, le escuchamos; hay días en que se nos va la hora comentando una noticia de cierta relevancia; o simplemente te

---

[6]   Entiéndase «perder» desde el punto de vista mercantil del propio sistema educativo, para mí, como siempre digo repetidamente, supone más INVERTIR tiempo. Estas clases suelen ser bastante productivas y de mucho provecho en general.

hacen una cuestión o te cuentan lo a gusto que estuvieron ayer cuando… y te lo cuentan. Confían en ti, lo que me parece más relevante que explicarles el complemento directo o cualquier otra forma gramatical.

La determinación y la importancia de ser un buen padre

El mejor medio para hacer buenos a los niños es hacerlos felices.
OSCAR WILDE

El día de mi estreno como profesor en un centro público comenzaron muchas cosas nuevas: un nuevo curso, un nuevo centro, unos nuevos alumnos y, cómo no, una nueva tutoría. Eran demasiadas novedades. Normal que hubiese tenido un mal despertar días antes. Tanto desasosiego había en mí que no me cabía dentro.

Como siempre hice desde ese momento, y durante años, subí mis escaleras y recodé la esquina. Esta vez la diferencia era que el pasillo estaba lleno de alumnos que correteaban con una mezcla de ilusión por volverse a ver encerrados entre cuatro paredes después de tanto verano y un poco de «¡Jo, qué rollo!». Esas realidades inexplicables de la vida.

La verdad, nunca he entendido bien el hecho de que los alumnos tengan tantas ganas de verse a la vuelta del verano. Un verano en el que priman la libertad, el aire libre, el ocio, el aprender por cuenta de uno (sean buenas lecciones o no lo sean tanto), el mar, las piscinas, el campo, las barbacoas… Debe ser por el hecho de volver a la rutina, por el hecho de no saber organizarse para tener experiencias interesantes y por la necesidad errónea de tener que hacer algo establecido sin más. O, tal vez, porque nadie les ha enseñado a dedicar su tiempo en prácticas entretenidas, útiles y formativas en su tiempo libre. Pero que les haga tanta ilusión volver a un encierro predestinado del que no podrán salir en nueve meses, aunque tengan permiso de pernocta y los fines de semana para volver a casa…, no sé, francamente, dónde pueda estar el entusiasmo… salvo que a alguno le apetezca estar lejos de casa unas horas o ver a algún profesor con el que se lleva superbién y, por eso, le apetezca estar con él, a veces, más que con sus padres, a los que, en ocasiones, prefieren dejar de ver durante unas horas.

El caso es que allí iba yo, terminando de subir las escaleras escolares, dispuesto a ir a mi nueva aula, con mis nuevos alumnos de mi nueva tutoría de mi nuevo centro.

Y con el corazón casi en la mano, a punto de exhalarlo, de los nervios que llevaba encima, entré en la clase por primera vez.

Fea, inhóspita, desangelada, lúgubre, en condiciones dudosas de limpieza y pulcritud. Eran cuatro paredes, no más. Miento, también había un armario empotrado que estaba hecho añicos. Y la suerte de tener tres ventanas grandes por las que entraba una luminosidad incandescente en días soleados como los que teníamos entonces. No era un lugar agradable, la verdad. No era el sitio como para invertir tantas horas de enseñanza y de aprendizaje. Y yo, por aquel entonces, aún no tenía claro qué hacer en un aula, lo único que sabía era que aquello no estaba bien, pero no sabía cómo salir de ahí. Me encontraba preso en un sistema que ni reconocía como tal, porque todo estaba tan bien engranado que ni me daba cuenta de que pertenecía a él y contribuía como cualquier otra pieza del motor que arrastra todo. Solo sabía que aquello no era lo que yo quería, ni para mí ni para mis alumnos. No, no era el lugar adecuado. Sin más. Y sin menos.

Miré a los ojos de todos y cada uno de ellos, uno por uno. Les saludé, les pregunté por su verano… De pronto recordé que no me había presentado, y justo en ese momento una chica me preguntó mi nombre. Los nervios cuando traicionan, traicionan de verdad. Te dejan inútil momentáneamente o te entorpecen lo indecible. Recuerdo mi examen para obtener el carné de conducir. Me senté en el coche. Calibré todos los espejos, el asiento, miraba una y otra vez.

Todo estaba correcto.

—¿Está todo listo? —me preguntaba el examinador.

—Sí, señor —respondí yo respetuosamente.

—¿Seguro?

—¡Seguro! —dije con los nervios a punto de escupirlos por la boca, pensando en si me había dejado algo atrás.

—Bien, póngase el cinturón y vámonos.

Creí morir. Me había dejado atrás lo fundamental, el cinturón. El maldito cinturón. Ese que me ponía siempre lo primero cada vez que entraba en un coche.

Pues igual que entonces, aquí los nervios no me dejaron presentarme en aquella aula llena de personajes que iría conociendo durante ese curso (y, sin saberlo aún, durante años). Les dije que me llamaba Álvaro, quién era y que iba a ser su tutor en el instituto. Les informé de que mi intención era hacerlo lo mejor posible, pero que necesitaba también la ayuda de todos ellos.

Comprobé quién o quiénes faltaban.

Cuando paso lista el primer día, siempre les pregunto cómo quieren que les llame, es decir, algún Francisco quizás prefiera que le digan Francis o Paco, o yo qué sé. Hay muchas posibilidades. Uno quería que le llamara Remendero, Jonathan quería que le llamara Johny… En fin. Les dejo esa opción porque prefiero llamarlos como ellos quieren, porque se sienten escuchados y atendidos de otra forma. Siempre me ha funcionado. Luego están los bromistas. En cierta ocasión, hace años, tuve una alumna llamada Laura que me dijo que le gustaba que la llamaran Eustaquia, y así lo hice durante minutos… luego no fui capaz de seguir.

En fin, aquel primer día faltaba una chica que se llamaba Carmen. Aunque su compañero Alberto decía que no creía que fuera a venir, que había abandonado la escuela, que como iba a cumplir los dieciséis en unos meses, ya había dejado de venir.

Y ahí quedó la historia.

Tras dos horas de charla con ellos, tratando de conocernos superficialmente a través de historias, comentarios, preguntas y respuestas, terminó aquello y bajé a la sala de profesores. Allí todo el mundo contaba qué tal le había ido en su particular fiesta. Algunos rajaban sin cesar, otros cotilleaban, otros simplemente informaban, otros pasaban y algunos hasta se habían ido por la puerta de atrás al no ser tutores… había de todo. Y entre uno y otro comentario, nuevo entre mis compañeros, comenté que me faltaba una chica llamada Carmen y que parecía que iba a abandonar el instituto porque ya mismo cumplía los dieciséis, edad hasta la que el gobierno te obliga a asistir a un centro educativo (al menos, de momento).

Algunos no hicieron ni caso, dos esbozaron una sonrisa, y otra, entre risas suaves y pausadas, me dijo que de eso nada, que acababa de cumplir los quince, pero que estaba embarazada de Alberto. Sí, el mismo Alberto que me dijo que ella iba a faltar porque casi tenía dieciséis.

Me debí quedar con cara de tonto. Y con las mismas me recompuse y volví a mis tareas cotidianas del centro: preparar materiales, fotocopias, libros, la lectura obligatoria que me mandaba el jefe del departamento. Eran días en los que yo todavía no había dado el paso a un nuevo paradigma, a una nueva forma de educar. Era una pieza más del engranaje colectivo, como ya he dicho, y, como tal, contribuía a todo el proceso para sumergir a los niños en Matrix. Con el paso del tiempo descubrí que me sentía como el agente Smith de esta película, intentando que todo el mundo entrara por el aro de la maquinaria del sistema, persiguiendo, buscando, olisqueando, castigando… Cambiar todo eso fue un proceso largo en el que aún estoy inmerso, un proceso que requiere mucha constancia, mucha fuerza de voluntad, mucho autoconocimiento y mucho interés por querer cambiar las cosas. Entretanto, voy cometiendo más errores de los que me gustaría, pero es que iniciar una metamorfosis que va del agente Smith a Neo es como querer que un niño de cinco años actúe como un adulto… lleva años conseguir eso y, aun así, es más frecuente de lo que imaginamos encontrar adultos que aún son, en el sentido negativo de la expresión, niños.

Por aquellos años lo que tenía claro era que a las personas había que tratarlas como personas, independientemente de la edad que tuvieran. Eso incluía a los alumnos. Aunque también es cierto que, como digno hijo del entorno, a veces gritaba o les decía improperios que estaban fuera de lugar.

Es como cuando alguien te dice que se arrepiente de no haber pasado más tiempo con sus hijos cuando eran pequeños. Pues a mí me pasa que me arrepiento de haber tratado no demasiado bien en algunas ocasiones a algunos alumnos, sin embargo, ya está hecho. El daño (si lo hubo) quedó ahí. No son daños colaterales, son daños, sin más... ni tampoco sin menos. Sin embargo, cierto es, la mayor parte de las veces los trataba con cariño y cercanía. Los errores eran puntuales.

Recuerdo a mi jefe de departamento. Era un déspota, soltero, con cincuenta y ocho años en aquel momento y que vivía con su anciano padre. Trataba a los niños como basura, les ponía amonestaciones constantemente... de hecho ponía unas diez amonestaciones cada mañana. Era una pesadilla. Intenté dialogar con él en una reunión del equipo educativo de mi tutoría y se me enfrascó en una tanda de improperios que no logro ni recordar. Así que le espeté que mientras él no fuera capaz de hablar con respeto a mis tutorandos, yo tampoco lo haría con él. Pasaron los días.

Llegó el día D. Y vino a preguntarme algo a la sala de profesores, mientras yo estaba terminando de hacer algo. Cuando se me acercó y me interrumpió, le grité:

—¿Qué haces? ¿Por qué me interrumpes?

Él, atónito, me preguntó:

—¿Perdona?

—¡Que te calles! Vete allí, quédate en tu sitio. ¡No me molestes!

Los demás compañeros que estaban en la sala (serían unos cuatro o cinco profes) no daban crédito a lo que estaba sucediendo, igual que no daban crédito a que yo tratara así a un compañero, más concretamente, a este compañero: el perro sarnoso (así le llamaban los alumnos). Él mismo se quedó sin palabras. Fue a rechistarme algo y le volví a imprecar que me dejara en paz. Y se fue, con el rabo entre las piernas, rojo de ira, a hablar con la dirección.

El director me llamó a su despacho horas después y me preguntó por lo que había sucedido. Le conté todo y no pudo más que echarse a reír. Me dijo:

—Me parece genial lo que has hecho. Nunca nadie antes se había atrevido a hacer algo así. Siempre ha sido intocable. No le digas nunca a nadie que te he dicho esto, pero me parece grande la lección que le has dado a él y a todos.

Por estas y otras cosas, en muchas ocasiones, no caigo bien del todo entre mis compañeros.

La relación con mi jefe nunca mejoró. Nunca fue bien. Fue empeorando con el paso de los años, pero me dio igual. Y creo que a él también. Llegó a un punto en el que cuando nos cruzábamos y yo le saludaba, él me volvía la cara. A veces, incluso, él iba con alguien más que se paraba para hablar algo conmigo, pero él se daba la vuelta. Pensaría que era como los avestruces, que, si esconde la cabeza, ya los demás no le vemos. El pobre era un monumento viviente a la estulticia. Y, en el fondo, me daba lástima, porque era como algunos de mis alumnos, un ser necesitado, como, al fin y al cabo, todos nosotros.

Los días siguieron su curso y en mi tutoría empezó a faltar también Alberto. Al parecer Carmen estaba ya a punto de dar a luz a una preciosa Carmencita. Alberto se había estado trasladando desde su casa a la de Carmen, con la madre de ella, que trabajaba sin descanso para mantenerlos a los dos y preparándose para la pequeña que se le iba a echar encima como un huracán.

Estuve hablando con Trinidad, una compañera del centro que no era profesora, sino un enlace con los servicios sociales. Un soplo de esperanza que algún funcionario por mor de alguna bendita disposición administrativa, alguna regulación u ordenanza había dejado entrar en ese centro uno o dos días por semana alternas. Durante largos ratos en diversos días estuvimos hablando de lo que se podría hacer para ayudar en el caso de esta joven pareja, de cómo actuar, de cómo intentar enganchar, al menos, a Alberto, para que uno de los dos pudiera sacarse el graduado escolar y buscarse la vida de alguna forma. Lo llamamos a casa varias veces, pero nunca pudimos contactar con él.

Llamamos a casa de Carmen, pero siempre lo cogía ella y nos decía que él no estaba allí.

Con las cosas así las, nos remangamos Trinidad y yo y decidimos ir a casa de Carmen. Salimos del centro y nos dirigimos hacia una calle angosta con unos edificios de dos o tres plantas firmes llenas de paredes, sin apenas ventanas. Solo vivir ahí suponía ya un alegato a favor de la locura transitoria. Seguimos caminando, giramos a la derecha y entramos en otra calle aún más estrecha y oscura. El edificio al que íbamos era una mezcla de vivienda y local. Algo muy raro. Llamamos al portero electrónico y la propia Carmen nos abrió la puerta. Allí estaban también Alberto y Carmencita. La madre de Carmen estaba trabajando en una peluquería. Los tres estaban felicísimos; la niña era preciosa y muy despierta. Y ellos dos estaban muy enamorados, con quince años, una niña y viviendo en casa de la madre de uno de ellos. La situación no era tampoco para tirar cohetes. La casa, muy humilde, con lo justo para sobrevivir y algún que otro juguete. Llena de objetos por los pasillos, cajas, libros del instituto… Allí no había sitio para todos, francamente, pero allí estaban.

Trinidad estaba más que acostumbrada a entrar en las casas de otros por su condición de educadora social. Habían sido muchas las veces en que había llamado a un timbre que, por muy limpio que estuviera, desprendía un cierto hedor a mugre social y emocional. Eran casas que te podían sorprender: algunas con una pinta cochambrosa por fuera y, sin embargo, una vez entrabas, te quedabas atónito de ver, por ejemplo, una pantalla de televisión como media pared de grande; otras parecían muy sucias al entrar, pero luego te dabas cuenta de que era una suciedad ambiental que se había ido acumulando con el paso de los años; otras veces daba asco entrar… y daba asco salir, no había más visión que esa… Trinidad me contó que, hacía tiempo ya, realizó una visita a una casa porque los dos niños que allí habitaban con su familia eran absentistas. Había ido con otro compañero para realizar la visita oportuna y explicar la necesidad de ir a un colegio (necesidad que cada vez veo menos clara, aunque no en este contexto, claro). Estando allí, hablando con la familia, habían detectado algo raro, como cierto movimiento, cierto nerviosismo desde que habían entrado y otras sensaciones que te indican que algo no es normal. Cuando llevaban apenas un cuarto de hora, se empezó a oír como un estremecimiento de la casa. La puerta se abrió bruscamente tras recibir el golpe de un ariete suspendido entre las manos de dos policías nacionales. Aquello se llenó de policías en apenas un parpadeo; el dueño intentó zafarse y recibió golpes, quizás más de la cuenta. Trinidad y su compañero, estupefactos, sin saber qué hacer o dónde meterse, se quedaron paralizados en la silla en la que estaban cuando sucedió todo esto. Cuando cesaron los gritos y las carreras por encima del sofá o los pasillos de los inquilinos y sus perseguidores, Trinidad intentó explicarles quiénes eran ellos y qué hacían allí. Sin embargo, no tuvieron ocasión. Todo eran gritos, agresividad verbal y hasta física con empujones inmerecidos. Intentó sacar su carné de educadora social y por poco le cuesta un disgusto cuando fue a echar mano del bolso…

Aquello fue un disloque, un disparate. Se los llevaron presos y esposados como a delincuentes. Los propietarios de la casa eran narcotraficantes a los que les seguían la pista desde hacía mucho tiempo. Al parecer estaba prevista para esa misma mañana una redada, justo cuando estaban allí Trinidad y su compañero de oficio. La casualidad maldita que, algunas veces, da sustos como este.

Allí estuvieron en comisaría, en el calabozo, presos, angustiados, desesperados, privados de su libertad, de su palabra, de su honra, de su tiempo y de su salud… porque en este mundo no vales nada si las pruebas indican lo contrario. Y el más fuerte es el que puede hacer lo que cree que debe hacer.

Siete horas después, sí, siete malditas e interminables horas después, los dejaron en libertad sin cargos, tras comprobar con sus jefes los hechos verídicos y no los que parecían, tras ver los registros de visitas previstos para estos dos educadores sociales, tras comprobar que, efectivamente, solo fue una pura (por no cambiar una letra) casualidad el que estuvieran allí.

Y fue solo al salir de la casa de Carmen cuando me contó esta historia y cómo cada vez que va a una casa intenta ir acompañada y entra a tientas, con un gran pellizco en el esófago que le deja las piernas temblando.

Sin embargo, ahora estábamos entrando en la casa, y aún no había pasado nada, ni siquiera yo conocía la historia que acabo de relataros.

Alberto, al vernos, se sorprendió de que hubiésemos sido capaces de ir hasta allí, de entrar, incluso, en el barrio. Claro, es que era de día, le dijimos. A esas horas y en ese barrio es más fácil no perderse ni encontrarse con alguien desagradable que pueda amenazarte. Teníamos la dirección y fuimos, sin más. Les contamos que estábamos preocupados por ellos y por su futuro. Yo ni siquiera conocía a Carmen, aquella fue mi presentación. Alberto se indignaba y nos decía sin parar que no iba a volver al centro, que él solo quería estar con su niña.

«¡Mira qué ojos tan bonitos, maestro! ¿Cómo puede uno separarse de estos ojos?», me decía.

No supe responderle. En aquel momento no podía comprenderlo tan bien. Yo aún no era padre. Podía hacer el esfuerzo, pero era incapaz de entenderlo a la perfección. Y la niña, realmente, era guapísima. Tenía unos ojos capaces de encantar serpientes, y una vocecilla infantil de esas que no hablan, que solo hacen ruiditos, pero que con ellos es capaz de conducir al mismísimo Ulises a los arrecifes de sirenas sin remedio.

Hablamos mucho rato y, finalmente, concluimos que Alberto iría al centro todos los días que pudiera y que intentaría, a través de un agrupamiento flexible, sacar todo lo que pudiera. Realmente se dio cuenta de que sin graduado escolar no conseguiría trabajo.

A la semana siguiente, allí estaba Alberto, melancólico y despistado, desubicado de todo, estando sin estar. Le ayudamos a hacer todo lo posible, pero no hubo manera. No había forma de que hiciera lo más mínimo. Se agobiaba de ver que no podía, ese «no podía» le llevaba por el camino del «no quería» y ese «no quería» le bloqueaba las entrañas del saber a las que se sentía incapaz de llegar por estar el camino entreverado de múltiples obstáculos. O como se suele decir: la pescadilla que se muerde la cola.

Sin embargo, el año siguiente decidió quedarse con nosotros. Hizo todo lo que pudo y, como sabíamos que, finalmente, no iba a sacarse el graduado, hablamos con él para que se apuntara en una escuela-taller. En las escuelas-taller les enseñaban una profesión, les daban una paguita, aunque fuera ridícula, y tras dos años acababan con un graduado escolar a través de la formación recibida. Él cumplía con todos los requisitos, máxime teniendo en cuenta sus circunstancias. Vamos, que era padre de familia con los dieciséis años que estaba a punto de cumplir. Se habló todo en los Servicios Sociales del ayuntamiento y lo apuntaron en la lista de espera.

Un par de meses después lo llamaron. Las listas de las escuelas-taller a veces corrían demasiado porque entra gente de todo tipo, algunos con una actitud muy díscola y disruptiva o agresiva y en esos sitios, como hay listas de esperas de hasta cincuenta o sesenta personas, pues no se andan con chiquitas: a la calle y que entre el siguiente. Alberto se comprometió con nosotros a que esto lo iba a hacer bien, que tenía que hacerlo por sus dos Carmencitas, que esta vez no iba a meter la pata. Hasta ahí llega subrepticiamente el hálito invisible del patriarcado que todos hemos mamado sin darnos cuenta. Él, como hombre, se sentía responsable de cuidar de sus Carmencitas, de que ellas estuvieran bien. Nosotros, ya anteriormente, le aclaramos que no era algo que tenía que hacer, que lo viviera como algo que había elegido hacer. Y así, eligiendo, fue como se marchó del centro en busca de un futuro no muy cierto, pero sí más fiable que el que tenía hasta ahora.

Alguna vez venía al centro y nos contaba algunas de sus experiencias. Estaba muy contento. Era una escuela-taller de fundidos y vidrieras. Le encantaba. Disfrutaba mucho y decía que a veces hasta le relajaba.

Un año después, me lo encontré en un colegio cerca de mi casa, estaba arreglando unas forjas y colocando unas vidrieras que les habían encargado. Como el colegio era del ayuntamiento y la escuela-taller también (a través de sus servicios sociales), pues a veces hacían eso. Y así, los coles se quedaban muy bonitos. Todos ganaban. O eso parecía.

Esta vez que me lo encontré no estaba solo contento, estaba doblemente contento: otra criatura venía a su familia. Me quedé sorprendido. Él me decía que tenía que pasar, que a él le gustaba mucho Carmen y los niños. Y yo, con treinta y seis años, sin hijos aún… el universo me quería hacer una llamada de atención, estoy convencido.

Siempre había sido muy protector y muy amoroso. Sé que iba a hacer todo lo posible para que su familia se mantuviera en pie. Era un buenazo de esos a los que la gente normalmente engaña para aprovecharse de él. Así era Alberto. Un trozo de cielo con piernas, ojos, poca cabeza, mala suerte en ocasiones y buena en otras.

Dos años después lo volví a ver en la calle. Se deshacía en halagos con sus tres mujeres: Carmen, Carmencita y Lola. Había encontrado un trabajo de soldador a tiempo parcial. Y seguía buscando talleres de vidrieras en los que seguir con aquello que tanto le gustó.

La crisis les hizo mucha mella, como a todos. Lo pasaron mal, muy mal. Sin embargo, supieron ponerse en pie y seguir la lucha del día a día que te ofrece la vida cuando no tienes mucho dinero y sí muchos gastos, con dos hijas preciosas, risueñas, vivarachas y despiertas de las que él se sentía responsable a su manera y en su contexto educativo. Como hacemos todos los padres, lo hacía lo mejor que podía y sabía en cada momento. Ni más ni menos. Pero hasta donde yo llegué a saber de ellos, nunca se quitó la responsabilidad de encima. Siempre era padre. El machismo y otros pensamientos los habían ingerido tan a fondo que era impensable que desparecieran de su vida, pero nunca trató mal a su Carmen ni a sus niñas. Alberto era un buenazo, fruto de sus circunstancias y de su educación. Ese era el escollo.

Solo espero que Alberto fuese capaz de encontrar el camino adecuado que le sacara de aquel barrio, de aquella calle angosta, de aquella casa casi sin ventanas.

Solo espero que Carmen dejara de sentirse sola, es la impresión que tenía. Su soledad le llevó a agarrarse a algo o a alguien como Alberto y a tener hijos para que le hicieran la compañía que ella tanto necesitaba.

Me llegó un rumor de que volvieron a tener otro hijo: el tercero. Pero esto, en realidad, nunca lo he llegado a confirmar. Aunque tampoco me resultaría raro, la verdad.

Hace poco lo vi conducir un coche, un Mercedes como un castillo.

Alberto, quince años, enamorado. Carmen, quince años, madre.

Carmencita y Lola.

¿?

Aprender de las zancadillas

Apenas llevaba un par de semanas en aquel centro cuando me encontré en mi hora de tutoría con ese 1° F del que ya hablé anteriormente.

Como también me ha sucedido en diversas ocasiones, la hora de tutoría era un viernes a última hora. Es genial así, porque es cuando los chicos están más descansados y preparados para poder hacer contigo otro tipo de actividades más reflexivas o lúdicas. Nótese la ironía. Vamos que ni presentándote en el aula en pelotas te atenderían todo el rato. Da igual lo que hagas, propongas, plantees y hasta amenaces. Da igual. Si muchos de ellos no tendrían ganas de escucharte ni un lunes a segunda o a tercera hora, ni os cuento los viernes a las dos de la tarde, cuando la mitad de las tripas (incluida la mía) están rugiendo más que un motor de cuatro válvulas. A esa hora solo quieres comerte unas patatitas acompañadas de una cervecita bien fría. De hecho, algún que otro viernes, nos llevábamos nuestras patatillas desde casa y en la tutoría nos las comíamos. La cerveza no, evidentemente.

Pero estaba prohibido. ¡Otra cosa más! Si es que no se podía hacer nada. Así que de vez en cuando lo hacíamos a escondidas. Como tantas experiencias que ni la burocracia ni algunos compañeros admiten, pero que otros llevamos a cabo en clandestinidad en pro de una buena educación.

La complicidad con tus alumnos se dispara hasta los límites más insospechados del infinito cuando les dices que vamos a hacer algo, pero que está prohibido y que ni los demás profes ni la directora se pueden enterar, porque si no yo me la cargo y, en ese caso, ellos se quedan sin ese tipo de actividades. Es genial.

Ya sé que es inducir a saltarse las normas, pero es que las normas absurdas, cuando no hagan daño a otro, hay que saltárselas si es necesario. Yo no les enseñé a violar las normas, sino a ser reflexivos, a que aprendieran a ser críticos con lo establecido y a romper con ese ritmo sinusal que a veces tomamos en la vida porque es lo que la corriente nos impone. En ocasiones hay que pensar y actuar como creemos adecuado. Insisto, dentro de los límites del respeto a otros. No sé, quizás es que estudié un tiempo con los jesuitas y aprendí a darle la vuelta a las tortillas filosóficas con mucha facilidad, pero yo, honestamente, lo veo así, no lo interpreto como un «venga, vamos a pasarnos las normas por donde queramos», sino como un punto de inflexión en el que debemos aprender también a tomar las riendas de nuestra vida.

Así pues, nos saltamos esa norma en diversas ocasiones. Nadie se enteró. Me admiraba cómo eran capaces de estar más que calladitos cuando querían. Y nunca hicimos daño a nadie. Ni ensuciamos nada ni rompimos… Además, yo sabía que esa norma estaba porque algunos profes organizaban eventos de aula parecidos y luego se desentendían. El aula quedaba asquerosa, los churretes duraban todo el día, los papeles por los suelos, las patatas que crujen si las pisas, el líquido de las aceitunas que resbala, la Coca-Cola pegajosa… Y al final, pues lo de siempre, que pagan justos por pecadores. Como algunos no son responsables, pues ya ninguno puede. Y cuando tienes un grupo de chicos suele ser como en cualquier reunión familiar o grupo de amigos: están los que recogen enseguida, los que friegan platos, los que barren, los que guardan las sobras y los que se escaquean como nadie. Igual. La diferencia en una clase es que tú debes ser el primer responsable, el primero que se ponga en movimiento.

En fin, esas complicidades con el alumnado me agradan. Quizá sea yo el que esté equivocado. Si es así, tendría que venir alguien a convencerme, pues dudo de que yo, con estos pensamientos, sea capaz de darme cuenta por mí mismo.

Sea como fuere, lo cierto es que no llevaba ni un par de semanas de clase y allí estaba yo, con aquella panda de lo que yo pensaba en aquel momento que eran ineptos. Un grupo salvaje digno de la película homónima de Sam Peckinpah. Y no tenía idea, un viernes más, de cómo enfrentarme a ellos a esas horas de la semana.

No obstante, había un programa diseñado por el departamento de orientación a través del cual nos decían qué podíamos hacer cada semana. Y esa segunda semana, tras haber roto el hielo (y alguna otra cosa más), nos tocaba rellenar una ficha de esas de recogida de datos para saber si viven con el padre o la madre (o los abuelos o los tíos…), cuántos son en casa, dónde estudian (ja, ja, ja. .), edad, si han repetido, si sus padres, madres o quienes sean tienen trabajo o no y un sinfín de apartados diferentes.

Aquello fue un cachondeo. No tenían idea de qué significaba casi ninguna pregunta, la de cuál era su nombre y poco más. Todo, absolutamente todo, lo preguntaban. Fue horrible, desesperante, frustrante y espantoso. Como profesor de lengua se me caían todos los palos del sombrajo, que decimos en mi tierra. Vamos, que no había por dónde cogerlos.

Veintidós salvajes reducidos a escombros vitales y sumergidos en un aula enrejada con apenas dos ventiladores de techo. Finales de septiembre y un calor que hacía que algunos cerebros estuvieran en peligro de extinción. Así, veintidós mentes libre pensantes dejadas al azar de su agonía, un viernes a las dos de la tarde.

Veintidós inquietos incultos que no sabían ni hacer la *o* con un canuto. La locura. Todos preguntando al unísono y queriendo que les respondiera a cada uno de ellos siempre el primero. Algunos diciendo que su madre no trabajaba, que estaba siempre en casa mientras yo les explicaba que eso era un trabajo tan respetable como otro, aunque no ganaran dinero por ello; otros diciendo que su padre era camello, pero que eso no lo ponían ellos en ningún papel; madres busconas, padres encarcelados, hermanos muertos, tíos con sobredosis…

—¡Dios! ¿Es que no hay nadie normal en esta clase?

—Maestro, es que esto es lo normal. ¿Qué quieres tú?

De nuevo se me cayó todo el equipo.

—¿Cómo que es lo normal?

—Sí —dijo Johny—. Por ejemplo, el Kevin es un hijo de puta.

—Oye, Johny, ¡no te voy a permitir que digas eso de nadie!

Entonces, interrumpió el nombrado, Kevin, y salió en defensa de su amigo Johny:

—No, maestro, es que es verdad. Mi madre es puta.

Ya no se me podía caer nada, salvo la cara de vergüenza. Vergüenza de no saber dónde había vivido yo años atrás, de descubrir a machetazos un mundo que durante años solo era ficción, solo existía en películas como la de *Mentes peligrosas*, que ya la mencioné antes. Sé que soy muy pesado con esta peli, pero es que siempre me gustó mucho esa actriz y esta peli me la grabé en la memoria en su día con triste pasión.

Kevin se reía mientras lo decía muy orgulloso: «Mi madre es puta», como si en lugar de «puta» estuviera diciendo «cirujana cardiotorácica». Durante unos segundos, que parecieron pequeños milenios perdidos en el hilo temporal, no supe qué decir. Rara vez me pasaba algo así, yo siempre tenía una respuesta y, si podía, una justificación. Pero aquella vez no.

Kevin se sentaba de nuevo como si no hubiera pasado nada especial. Era algo totalmente normal: su madre era puta. Y ya está. No había que darle más vueltas. Y de ahí se infería su lógica consecuencia: Kevin era un hijo de puta. Para mí, los hijos de puta eran otro tipo de personas, aunque sus madres fueran muy santas, pero aquí no sucedía eso.

La lógica aplastante y la complicidad hicieron migas durante el resto de la clase. De repente, todos parecían entender mejor las preguntas y, a su vez, pedían menos explicaciones. O quizás es que yo no las escuchaba. Cada vez que alguien abría la boca, yo escuchaba: «Mi madre es puta». Hasta que digerí aquello con la misma naturalidad con que ellos lo proferían.

Kevin era un pobre desgraciado y, como siempre, lo digo desde el cariño. Con una discapacidad segura, aunque nunca reconocida. Podríamos decir que era, en tono coloquial, y entiéndanme cuando lo menciono, que no es despectivo, un «medio tonto».

No sabía apenas leer ni escribir, no razonaba, estaba delgado hasta límites alámbricos, y se reía como si le faltaran los megahercios suficientes para hacer dos actividades a la vez. Y, además, era un hijo de puta. Pero solo porque su madre tenía esa profesión, porque él era un buenazo. Noble como un perro lazarillo, pero «medio tonto». El hazmerreír de la clase en muchas ocasiones.

Sin embargo, aquel bofetón de realidad me cambió los esquemas de mi paradigma educativo, aunque aún no sabía hacia dónde. Lo que sí sabía es que no podía usar el libro ni seguir programaciones, por más que el petardo de mi jefe de departamento quisiera que cumpliéramos con el temario. Él, como si fuera el digno hijo de un marajá, que no se mezclaba con gitanos ni chusma variada de ningún tipo, no sabía lo que era dar clase en esos antros de pestilencia académica, salvo alguna guardia que hacía en alguna ocasión. Con el tiempo, eso cambió algo y, de vez en cuando, algún que otro año, algo le tocaba.

Pues como decía, desde ese momento supe más que nunca que mi vocación estaba ahí, como profesor. Sentía la necesidad de animar a tanta alma descarriada y a tanto humano deshumanizado. Ahora era yo el hazmerreír… entre mis compañeros. Algunos me maldecían, otros pensaban que yo era tonto y otros ignoraban mis métodos; aunque a mí me deberían haber dado igual, lo cierto es que no fue así, me molestaba, me coartaba, me paralizaba. Tardé años en recomponer esa forma mía de actuar y de volver a ser quien yo creía que debía ser. Hasta de los que te ponen zancadillas hay que aprender.

Cierto día, en una clase cualquiera de esas en que se tiran todo lo que pase por entre sus manos, observé que Kevin estaba especialmente callado y tristón. Ni siquiera reía como una ameba. Alguien intentó gastarle alguna broma y él reaccionaba con incipiente agresividad. Me preocupó. Me extrañó. Kevin era bastante autosuficiente como para ignorar hechos que él pensaba que no debían afectarle. Se criaba solo. Su madre dormía mientras él iba al instituto, comían y luego ella se iba a trabajar. Volvía de madrugada, cuando Kevin dormía. Y así todos los días, porque las señoras prostitutas, normalmente, no tienen días libres, sobre todo si, además, eres toxicómana.

No hizo falta que me acercara a Kevin, él solo vino a mi mesa y me dijo entre lágrimas:

—Maestro, anoche mi madre llegó tan ciega de droga que se metió en mi cama y quería hacerme el amor porque se pensaba que yo era un cliente.

Kevin. Doce años.

Kevin fue de esas personas que perdí con el paso de los años y de las que nunca supe qué fue de ellas.

Respetar el germen
de la creatividad

Dos excesos deben evitarse en la educación:
demasiada severidad y demasiada dulzura.
PLATÓN

Si quieres trabajos creativos,
dales tiempo suficiente para jugar.
JOHN CLEESE

Aquella mañana comprobé que, como era jueves, mi amor ya se había marchado. Esta vez ni me había enterado de cuándo se levantó. O estaba muy cansado yo o había sido muy sigilosa ella. Seguramente lo primero. No es que ella fuera como un elefante en una cacharrería, pero a esa hora suelo darme cuenta de lo que sucede justo a mi lado.

Al salir de casa decidí zamparme una rica y recién hecha napolitana de chocolate. De vez en cuando me pegaba esos caprichos. ¡Qué buena! ¡Estaba hasta templada! La acababan de sacar del horno. Salí de la panadería y seguí mi camino hacia el cole. En realidad, era un instituto, pero yo siempre le decía cole. Supongo que de la costumbre de haber estudiado en un mismo cole desde la EGB hasta el COU, porque yo estudié con aquel plan de estudios, el de la EGB el BUP y el COU, aquel plan del 71. ¡Cómo pasa el tiempo!

Crucé la calle y entré al centro por la puerta de los coches, me era más cómoda. Tras saludar a todo el mundo, como era mi costumbre, me dirigí a la sala de profesores, donde abrí mi agenda de la tutoría, que me hizo recordar que hoy tenía citada a la madre de Antonio.

Antonio era un muchacho de esos que te crispan los nervios, aunque sanamente. No para de moverse, de andar, de levantarse, de sentarse, de pararse, de contar chistes o de reírse, de jugar, de saltar, de inventar… Y yo, que, en aquella época de mi vida, aún era un oscuro caballero cruzado de la educación templaria, no lo supe aprovechar ni le supe dar alas suficientes.

Podría haber sido alguien genial. De hecho, seguramente ha llegado a serlo. Lo es. Debería.

Antonio me hacía recordar a un compañero que tuve en mi cole cuando yo era niño: Anselmo. Era otro tanto. En segundo de EGB, nuestra profesora, Isabel creo que se llamaba, decidió casi al final de curso que lo iba a atar a la silla para que no se levantara tanto. Y lo hizo. Eran otros tiempos. Lo más grande fue que Anselmo, con la silla atada, se levantaba y se desplazaba de un lado a otro de la clase como el jorobado de Notre Dame. ¡Qué arte tenía!

Hasta la profesora se tuvo que reír, ver lo ridículo de su propuesta y admitir que Anselmo era así. Nada más. Si a mí se me hubiese siquiera ocurrido atar a Antonio a una silla… no estaría aquí escribiendo estas historias. También es verdad que nunca se me ocurriría hacer algo así ni en mis peores tiempos.

Nueve años después lo divisé por la calle… a Antonio, no a Anselmo. ¡Madre mía! De menos de un metro y medio y con trece años a ser casi como un jugador de baloncesto. Realmente no sabía cuánto medía ahora, pero era muy alto. Sin embargo, iba por la acera de enfrente en Semana Santa y no me dio tiempo a reaccionar para ver qué tal le podría ir la vida. Él corría, probablemente, para buscar un trono. Yo lo vi bien, pero eso, en realidad, no quiere decir nada.

Recuerdo, en clase, en pleno mes de junio, que hacía un calor asfixiante casi febril y que, por tanto, los ventiladores de la clase estaban en marcha. Él estaba sentado aquel día en primera fila y casi debajo de uno de dichos ventiladores. En aquella época habían estrenado ya una o dos películas de Harry Potter. Él con su libreta abierta observaba la reacción de las hojas ante los efectos del ventilador. Entonces, muy cómicamente y con mucho teatro, porque él tenía mucho arte natural y mucha comicidad, sin duda, cogía un lápiz del revés como si fuera una varita mágica y gritaba en clase: «Wingardium leviosa», como Harry o Hermione cuando echaban a volar algo, al tiempo que las hojas de la libreta se pasaban solas por efecto del ventilador. A mí me dio un ataque de risa por el ingenio.

Realmente era un tío muy creativo, con mucha inventiva. Insisto, lástima que no lo incentivé.

Aquel día, a las once y cuarenta y cinco, vino su madre, muy puntual. Como cualquier madre del barrio… estaba muy trabajada y curtida por la vida. Aparentaba más de cincuenta años, aunque estoy convencido de que no pasaba de los cuarenta. Pedía disculpas porque sabía que su niño era muy nervioso y no paraba ni un segundo. A ella le tocaba «aguantarlo» en casa, decía. Y ella lo quería mucho. En realidad, era cariñosa con él, se la veía feliz con él, aunque la sacaba de quicio. Antonio tenía esa virtud. La jefatura de estudios me había solicitado que citara a la madre para informarle de una probable y futura expulsión. Yo le explicaba que Antonio no era malo, pero que algunos profesores no soportaban su actitud, aunque a mí no me molestara e, incluso, me hiciera hasta gracia. En un momento de la conversación la madre me dijo que había pensado enviar todos los días al instituto a su hijo con media pastilla de Valium en el cuerpo. Me sorprendió tanto que le espeté un rotundo «no» que rozaba casi la grosería. Que ni se le ocurriera empezar a pensar siquiera en ello con su hijo de trece años, que antes ya me encargaría yo de romper los partes y las amonestaciones de su hijo, como de hecho hice en más de una ocasión. Aún no estaban los papeles tan informatizados como ahora y siempre había algún papel que se me perdía… Ja, ja; eso era bueno, lástima que luego se informatizara todo tanto y la burocracia electrónica diera lugar a menos trampas de estas. Siempre estaba la típica profesora Rottenmeier que me reclamaba el hecho de que Antonio aún no estuviera expulsado y yo siempre decía lo mismo: «Es que aún no ha acumulado suficientes partes». Hasta que, en lugar de seis u ocho, como estaba establecido, Antonio obtenía unos dieciocho o veinte… y ya no podía ocultarlo más. Y es que, sinceramente, algunos partes eran inconsistentes y superfluos como para tenerlos en cuenta de cara a una expulsión.

Antonio, ese chico insufriblemente carismático. Todo el mundo lo quería (salvo determinados profesores, entre los que se incluía, por supuesto, mi jefe de departamento… aquel con el que discutí).

Remendero, ese era su mote. Nervioso como él solo. Le encantaba el fútbol. Me imagino que Einstein debía de ser algo así en clase, aunque tuvo la suerte y la oportunidad de encaminar su vida hacia otros lares, seguramente, gracias a las personas que se encontró. Yo nunca fui malo con Antonio, o no lo recuerdo al menos, pero, insisto por última vez, no creo haberlo alentado demasiado.

Algunos de mis compañeros de aquella época lo mismo se topan con este texto y se les escapan carcajadas. ¡Qué me alegro de que disfruten! Lo menos bueno es que acompañarán las carcajadas de comentarios como que yo soy un imbécil, que ya se me veía venir, que ya sabía yo que este cojeaba de algún pie, decir eso de Antonio... Antonio era un idiota redomado y malcriado que se merecía lo peor... Sé que algunos pensarán de esta forma. La diferencia está en varios puntos:

— A mí me da igual lo que piensen. Soy feliz y creo que hago mi trabajo bien. Soy firme cuando hay que serlo, pero les dejo a los chicos la capacidad de expresión y de creación.
— Pasan los años y los chicos se paran a hablar conmigo y me cuentan qué tal les va la vida. Se alegran de verme. Algunos hasta me dan su número de teléfono o su correo. A otros, por el contrario, le rayan «hijo de puta» en su coche o le hacen un dibujo de determinados atributos masculinos.

No es que yo sea mejor profesor, es que trato a las personas como tales, independientemente de la edad que tengan. O, al menos, lo intento. Soy humano. Cometo, he cometido y cometeré errores. Y con Antonio, quizás, me equivoqué, pero nunca lo traté mal.

También es cierto que lo hice lo mejor que supe y podía en aquel momento, pero eso no es excusa. Los profesores no estamos ni formados ni preparados decentemente para movernos en un aula de secundaria, solo estamos preparados docentemente (y algunos ni eso, la verdad...). El profesorado (una gran parte) de nuestra comunidad está degenerado por el mismo sistema que lo inicia en sus ritos educativos perversos auspiciándole en su quehacer diario.

Tiempo, atención, cariño...

*La infancia, hoy en día, se enfrenta a cambios profundos en su
atención cuyas consecuencias no podemos imaginar o prever, ya que
se trata de experiencias completamente nuevas en la historia
de nuestra especie.*
MIREIA LONG

Ensimismado en mis asuntos, subía las más que pateadas ya
escaleras hacia el primer piso.

—¡Adiós, maestro! —me decían algunos alumnos.

A mí siempre me había encantado que me llamaran «maestro»,
lo prefería antes que «profesor». Algunos de mis compañeros decían
que ellos no eran maestros, sino profesores, que maestros son los de
primaria, que ellos tenían más años de estudios. Supongo que para
ellos era un argumento más que válido, aunque lo cierto es que,
para mí, era una completa estupidez y me sonaba hasta ridículo.
Creo que la diferencia no debe ser tan academicista ni estar ubicada
en algo tan vulgar como el propio sistema educativo, más bien es
algo de cercanía, de percepciones, creo que el hecho de que te
llamen maestro, conceptualmente, implica mucho más que unos
simples estudios o unos años más de carrera universitaria. Y luego
ya, la bomba, es cuando te llaman, sin darse ni cuenta: papá, mamá,
abuelo o abuela… Me encanta, yo siempre me río y les digo que
no hace falta que se disculpen, se entiende que es la inercia de casa.
Que me llamen así quiere decir que suelen llamar frecuentemente
a alguien así y eso es estabilidad emocional para ellos. Me gusta.

Sea como fuere, el caso es que terminé de subir las escaleras, giré a la derecha encaminándome hacia el aula de segundo y, de repente, salí de mi ensimismamiento debido a una algarabía anormal en el pasillo. Oí gritos y golpes. Cuando tuve buena visibilidad vi a un chico nuevo de primero que estaba tumbado con la cabeza frente al mármol del piso y se daba unos golpes espantosos contra el mismísimo suelo con todas sus fuerzas, y creedme cuando os digo que era mucha fuerza. Levantaba la cabeza y la volvía a estrellar, una y otra vez, una y otra vez; pedí paso a gritos entre los espectadores, tiré todos mis papeles por los aires (o, más bien, los dejé caer en mi carrera) y me lancé sobre él, me tumbé encima, le sujeté la cabeza y lo abracé como pude con todas mis fuerzas, en un intento de ir refrenando sus impulsos agresivos y en un intento de transmitirle toda la paz que pudiera yo darle en un instante como ese. Al tiempo, con mucha dulzura y aparente relajación, le iba diciendo: «Vamos chico, tranquilízate, relájate. No te preocupes. Lo hablamos y buscamos una solución». Se fue calmando. Se fue parando. Se fue quedando como inmóvil y me respondió al abrazo.

Así conocí a Chema. Una espina clavada en mi corazón cuya historia perdí y ojalá que terminara bien.

Un metro y cincuenta centímetros de rabia y odio contenido que intentaban sin éxito controlarse.

Me levanté intranquilo y sin dejar de observarle, no sea que fuera un truco y volviera a lanzarse contra el suelo o las paredes. Pero no, se quedó llorando, a gritos, tratando de explicarme qué había pasado. No recuerdo ahora qué fue. Da igual. Y no lo digo en un sentido despectivo de qué más me da o qué importa, sino en el sentido de que era tanto lo que este chico llevaba encima, portaba tanto veneno dentro de sí, que no importaba otra más.

Algunos alumnos se acercaron a ayudarme a recoger todos los papeles y las libretas que dejé caer al suelo al salir corriendo. «Gracias —les decía— dejad, ya recojo yo». No recuerdo haber visto a ningún compañero mío por allí. Qué casualidad. ¿Dónde diantres estarían? Tampoco les culpo, yo apenas llevaba seis años trabajando y ya me había llevado dos lesiones causadas por dos alumnos diferentes en centros anteriores. En la primera de ellas, un profesor echó de su clase a un alumno… el Ruinero, era de esas personas que te buscan una ruina sin tú quererlo. Y le llamaban así: Ruinero. Ni los alumnos aprendices de mafiosos del centro se enfrentaban a él porque, decían, no querían problemas. Pues yo estaba de guardia y me tocó llevarme al Ruinero al aula de castigo (en aquella época aún no trabajábamos con eufemismos del tipo aula de convivencia). De camino me fue contando que el profesor lo había echado sin razón, que todo había sido «por la cara» y, mientras me lo contaba, se fue encendiendo de tal forma que sin pensarlo decidió terminar su historia arreándome un guantazo en la espalda que, incluso, me desplazó por el espacio libre del pasillo. Le dije que yo no tenía culpa, que a mí no me hiciera nada… y lo repitió. Le puse su correspondiente amonestación, porque eso sí que no lo iba a consentir. Y lo expulsaron del centro. Lo trasladaron a otro. En otra ocasión, en otro centro, el jefe de estudios, al que yo no le caía bien, como luego se demostró, me sacó del aula para preguntarme no sé qué tontería de las suyas. Cuando entré, había dos alumnos de primero de ESO enzarzados a puñetazos. De estas situaciones en que no piensas y decides meterte en medio de dos personas, una de las cuales te saca una cabeza. El puñetazo que recibí en el hombro me dislocó el mismo. No podía ni darle al botón de la cisterna. Pedí permiso para ir al centro de salud y el director, que era un lobo disfrazado con piel de cordero (aunque esto lo descubrí muchos meses después), me lo negó, alegó que no podía ser para tanto. No podía ni conducir ni meter las marchas. Fui al médico y me dio una baja por accidente laboral. La dirección se quejó y la inspección médica me obligó a reincorporarme. Decidí solicitar apoyo a algunos de mis compañeros y un par de ellos se ofrecían a llevarme y a traerme. Normal que luego pase algo y los profesores desaparezcan: recibimos cuando no nos merecemos y nuestros propios compañeros directivos te hacen la vida imposible.

Los humanos, a veces, somos una especie sin sentido. Un chico hace lo que hace y todos se arremolinan a su lado a ver cómo lo hace, no sea que se abra la cabeza y me lo pierda. ¿A quién le cuentas bien la historia si no la has visto? Es mucho mejor verla y dar detalles, aunque siempre, la veas o no, el cincuenta por ciento sabemos que será de cosecha propia, porque sí, así se cuentan las historias, con cosecha propia. Yo mismo te las estoy contando así ahora mismo.

Estuve unos dos o tres minutos sobre él, y dos o tres minutos sobre un chico que quiere abrirse la cabeza contra el suelo es muchísimo tiempo, la verdad. Pues estuve esos minutos, y no apareció ningún adulto hasta el momento en que otros chicos me ayudaban a recoger mis libros y, durante ese tiempo, el resto de muchachos y muchachas miraban, como si aquello fuera el circo romano, qué digo, la mitad ni sabía lo que era un circo romano, aquello era más bien un programa de *Pressing Catch* o un debate de esos de la tele tan amenos y maleducados, o algo tan animado como asomarse a las azoteas mientras los nacionales hacen una redada en el barrio.

Aquel chico me tocó fuerte y muy adentro. Y el resto de compañeros nunca entendió que yo pudiera preocuparme y esforzarme por sacar adelante a semejante mamarracho. Mi corazón se desgarró después de aquel encuentro. Conocer a una persona así, la verdad, es algo que se te incrusta ajado en mil pedazos en tu endeble memoria emocional. Cuatro años pendiente de él, tres en este centro y otro cuando me cambié de centro. Al parecer, su madre, Caridad, sin saber que yo cambiaba, decidió trasladarlo a otro instituto que había cerca y que, coincidencias de la vida, era mi nuevo destino. Ese último año que coincidimos ya estaba empezando a estar mucho más que perdido. En cuanto cumplió los dieciséis, se fue y nunca más supe de él. En alguna ocasión pregunté a los Servicios Sociales comunitarios del ayuntamiento, pero no logré una información clara.

Otro día, estando de guardia, me avisaron de la conserjería porque había que atender a un alumno. Al parecer, se había accidentado. Salí de la sala de profesores y allí estaba Chema: mi segundo encuentro con él. Con la cara chorreando y maldiciendo a todo bicho viviente. Le había entrado típex en el ojo. ¡Típex en el ojo! El típex es asqueroso solo de verlo y olerlo, no quiero ni pensar lo que podría pasar con eso en un ojo. Se había estado enjuagando durante más de quince minutos, sin dejar de echarse agua ni por un instante. Él era muy resuelto ante esas circunstancias. Llamé a su madre como diez veces, pero nada, no descolgaba el teléfono. Así que, dado que nos encontrábamos a apenas veinte minutos andando de un hospital con especialidad oftalmológica, decidí llevarlo a urgencias. Lo consulté con la dirección y me dijeron que claro, que era lo mejor. Como tenemos copia de la tarjeta sanitaria de los chicos, hice una copia más y me la llevé.

Por el camino, charlando y riendo nos encontramos con una tía suya. Le dije lo sucedido y que si podía llamar, por favor, a la madre para que viniera al hospital. Pero no podía llamarla o no quería o yo qué sé. La madre nunca vino.

El caso es que llegamos a urgencias, explicamos lo sucedido y esperamos. Y esperando, fue entonces cuando me contó con pelos y señales lo sucedido. Tenía un bote de típex, de esos que parecen un bolígrafo. Por supuesto no era de marca, era del chino pepino, pero da igual, son igual de tóxicos (o, incluso, más, la verdad). Y él intentaba borrar una palabra, pero no salía líquido. Y apretaba y apretaba, pero nada. Esto que voy a contaros parece de risa, de hecho, yo empecé a reírme en su cara y a decirle que cómo se podía ser tan tonto, lo hice en tono cariñoso mientras le echaba un brazo por el hombro. Y él se reía conmigo. «Es verdad, maestro, es que hay que ser tonto», me decía. Resulta que como no salía líquido, levantó el tubito y, poniéndolo boca abajo, empezó a mirar hacia el orificio de salida, a ver si estaba taponado. Miró y miró, pero claro, no veía nada. Entonces, se le ocurrió apretar el tubo por si detectaba algo raro, y fue entonces cuando el bote decidió echar líquido y como lo tenía situado encima del ojo, pues le cayó todo en él.

Nos llamaron para entrar. El oftalmólogo nos pidió que le contáramos lo que había ocurrido. Y sin reírse, le decía: «Pero alma de cántaro, ¿cómo se te ocurre hacer eso?» Lo miró, lo examinó a conciencia con todo tipo de aparatos y respondió que debía echarse un colirio durante unos días. Añadió que había sido una suerte enjuagarse tanto el ojo durante mucho rato, porque, de lo contrario, lo podría haber perdido.

Al año siguiente me propusieron como jefe de estudios… y el cómo fue y lo que sucedió es otra historia para otro momento, pero lo que sí viene al caso ahora es el dato, porque eso me hizo pasar horas y horas con Chema y, sobre todo, él las pasaba conmigo. Casi nadie entendía que yo hiciera eso y que lo aguantara tanto tiempo en lugar de expulsarlo. Solo había que dedicarle tiempo, atención, cariño, abrazos, muchos abrazos. Solo necesitaba que alguien le atendiera. Yo lo sentaba en mi despacho y allí trabajaba las tareas que les decían sus profesores y sus maestros (porque tenía de los dos). Era un encanto. Un encanto agresivo como nadie.

Falta de autocontrol. Eso decían. Querían diagnosticarle un TDAH y poder medicarlo. Nunca nadie consiguió llevarlo al médico. Falta de autocontrol, sí. Y también una mierda de vida, de esas que nadie desea ni a su peor enemigo. Madre ¿divorciada?, ¿soltera? ¡Quién lo sabe! El padre digamos que estaba en paradero más que desconocido. Su madre volvió a tener un nuevo novio del que estaba embarazada y con el que, además, estaba montando un negocio. En una mañana de primavera, fue al negocio a ver cómo iban las obras… y allí estaba su novio, montando otra cosa con un hombre que no era de la obra. Resulta que en su pueblo eran muy cerrados y no admitían que fuera homosexual, así que se inventó una relación con ella, la llevó al pueblo y se la presentó a todo el mundo para poder fardar de ella. De nuevo, pérdidas: de dinero, de comprensión, de un amor que creía sentir como real… Demasiadas pérdidas. Muchas.

Había sido criada por Menores, como ella los llamaba. Fue abandonada siendo muy pequeña. Ella se presentaba allí, daba un par de golpes y de voces y se la atendía *ipso facto*. Todo el mundo en Menores sabía quién era Caridad.

Y así, Chema, a veces, amenazaba diciendo: «Pues se lo voy a decir a mi madre, y vendrá y te vas a enterar». Caridad, la pobre, decía que hay que ver las ideas que manifestaba el niño. Sin embargo, cuando Caridad entraba en el IES todo el mundo se enteraba. Sin excepción. Aquello era un huracán fuerza cuatro o cinco, según le pillara.

Y llegó el momento con el que tantas veces nos había amenazado. Sentados, en el despacho, nos encontrábamos hablando de su hijo y de qué podríamos hacer entre todos para ayudarle a él y a ella, y, de repente, se mosqueó con el niño y empezó a gritarle delante de mí: «¡Maldito hijo de puta! ¡Malnacido! ¡Me cago en tu puta madre que soy yo! Cabronazo…» y otras lindezas que no voy a escribir. Yo le sonreía y con mucha paz le decía: «Caridad, ¿tú crees que esas son formas de hablar de ti misma y de tu hijo?». Falta de autocontrol de la madre.

No podía contenerse. Su hijo era igual en ese aspecto. La hermana no tanto, algún que otro grito y otras preciosidades, pero no era para tanto. Pero Chema… decenas de veces lo he visto darse golpes contra una pared o un suelo, pero no golpecitos de «ay, pobre de mí», no, no, golpetazos con todas sus ganas, de esos que crees que se va a romper la crisma. Lo he visto romper puertas de madera en el centro. Lo he visto desgarrar estanterías… Era como el increíble Hulk, le faltaba que se le rasgase la camisa, porque incluso juraría que alguna vez se llegó a poner verde. No he visto nunca tanta energía de una persona tan chica, Dios mío. Estando ya en mi nuevo centro, lo vi por la puerta del comedor, gritando y dando patadas contra las paredes, como un poseso en una película de terror. Al oír los gritos me acerqué, porque sabía que se trataría de él. Cuando llegué al recodo de aquel pasillo me encontré en un extremo a la conserje, a la directora y a otro compañero más, y en el otro extremo, a Chema, tal y como he descrito ya en otras ocasiones. Entré al pasillo mientras mis compañeros me decían: «¡Espérate a que se calme, ten cuidado!». Sé que suena a broma exagerada, pero no. Yo ya conocía de sobra a Chema. Me aproximé a él como Brad Pitt (pero menos guapo) en la película de los zombis, o casi mejor aún como Robert Redford (pero menos guapo también) en la película de los caballos. Con mucho tiento, con mucha paciencia… con la mano como para domarlo. Ya estaba junto a él mientras gritaba como un descosido y soltaba una sarta de improperios fugaces que no llegaban a ningún lado. Lo cogí por los hombros, pero se revolvía. Lo volvía a coger. Conseguí que se apaciguara algo. Se echó a llorar y gritaba: «¡La he vuelto a cagar! ¡La he vuelto a cagar!». Se me abrazó y lloró desconsoladamente. Otra vez más de las varias veces que lo había hecho ya conmigo, casi siempre en la intimidad de un despacho. Pero esta vez no se pudo contener y reventó delante de todos los que estábamos allí.

Se terminó de desahogar y se relajó. Lo acompañé a dirección. Había que hablar de lo que había sucedido en clase con su profe. Fue su último parte. Fue su última expulsión. Nunca volvió.

Falta de autocontrol. Sí. Y también por una chapuza de vida.

Volviendo a su madre, no he conocido persona más luchadora que ella, Caridad.

Teniendo el negocio de la droga en la puerta de la casa, nunca se metió ni consintió que sus hijos lo hicieran. Limpiaba casas; se iba al campo y empezaba a preguntar por las fincas que si hacía falta recoger fruta o verduras y luego iba por las calles de la ciudad vendiéndolas; ofrecía loterías… Hasta donde yo llego, y llegué hasta mucho, porque pasé horas y horas hablando con ella igual que con su hijo, nunca entró en la droga ni en la prostitución.

Su casa siempre estaba limpia, ordenada y había comida en el frigorífico. Ella tenía incluso mi número de móvil, para cogerlo si yo la llamaba, porque si llamaban del instituto ella no hacía caso. ¿Para qué? ¿Para informarle de que expulsan a su hijo? Pero si llamaba yo, entonces eso era otro cantar.

Durante un tiempo, y aprovechando la crisis económica, al parecer, en el barrio, se sospechaba de una banda (a cuya cúpula nunca llegaron) que usaba la casa de uno de los tontos desahuciados del IES hacía años (yo no los conocí). Allí enganchaban a niños menores de catorce años y les regalaban sus porritos, su cocaína… y cuando ya estaban enganchados, les decían que si querían más tenían que traer un determinado número de móviles a la semana o al día. A Chema lo tentaron infinidad de veces. A pesar de todo, era un tío muy dicharachero que derrochaba simpatía por los cuatro costados. Ese típico chico gracioso que te encandila sin darte cuenta. Era un encantador de serpientes. Nunca entró en la banda. Caridad se lo dejó muy clarito: «Cómo te vea con esa gente y entres en ese mundo, te doy una paliza y yo misma te llevo al tanatorio y después de enterrarte me voy a la cárcel». Sabía que era verdad.

Todos sabíamos que era capaz de hacerlo. Algo positivo entre tanta violencia.

Le perdí la pista. Se la perdió mucha gente. Un billete de lotería infectado.

Una condena.

Una mierda de vida.

A Chema también lo vi hace poco, cruzando su barrio. Me sacaba como dos cabezas de altura y su posición, echado sobre el lomo de un coche y rodeado de unos tres o cuatro colegas. Se dedicaba a asuntillos y trabajillos, me dijo. En fin. Lo primero que pensé fue en la amenaza de su madre y en qué sería de todos ellos.

Lágrimas de pasión, esfuerzo, lucha y promesas

¡No digas «no puedo» ni en broma,
porque el inconsciente no tiene sentido del humor,
lo tomará en serio y te lo recordará cada vez que lo intentes!
FACUNDO CABRAL

María, que así se llamaba en realidad, es de esa clase de personas que te marcan para los restos... María tenía y tiene un carácter de esos de la fierecilla domada, pero sin domar, ¡y gracias a Dios que lo tenía! Eso la convertía en una mujer luchadora, tenaz, persistente y clara... Una persona que te vomitaba aquello que creía y que te hacía saber sus pensamientos sin miramientos. ¡Cuántas peleas y discusiones! Y, al mismo tiempo, qué persona tan maravillosa.

María es de esas personas que ni puedo, ni, sobre todo, quiero olvidar.

María fue un ejemplo de lucha, de tenacidad y de coraje. Yo, ante María, me levanto el sombrero. Sin más.

Aún hoy, quince años después, todavía la pongo de ejemplo en mis clases.

Aquel día me dirigí a mi centro como cualquier otro, pero se cernía uno de esos episodios en que uno mismo mete la pata hasta el fondo y lo estropea como el que más. De esos días en que, como personas que somos, también nos enfadamos, gritamos, peleamos y cometemos injusticias. La cuestión está en lo que suceda después de cada error y en cómo barajes tus cartas.

Desde el momento en que conocí a María intuí que había algo singular, más que en el resto, porque todos tenemos algo único, y nuestros alumnos ni os cuento. Especiales no, *especialérrimos*, como diría mi amigo Antonio.

María era un volcán unos siete segundos antes de entrar en erupción y, en ocasiones, escupía lava.

El caso es que María, de entrada, era simpática, mucho, pero también con carácter. Aún recuerdo (y recordamos) el día en que nos peleamos. Aquel día fue épico. Yo no sé si ya iba calentito o me encendí en el momento, y ella… ufff, pura dinamita inestable. La verdad, nunca recordamos cómo empezó todo, pero sí recordamos que fue a lo grande: gritos, peleas delante del resto de la clase, la eché a voces de mi clase, me comporté un poco como un energúmeno, pero sin él «un poco» y sin el «como»; y nunca supe parar ante sus envites ni ella ante los míos. Aquello fue una experiencia surrealista, de las más absurdas que he tenido en toda mi vida laboral. Y de las que se ven a diario en muchos centros educativos. Sin embargo, era tanto el cariño que de fondo nos teníamos el uno al otro, que ambos supimos en horas posteriores reconducir la situación hasta la normalidad. Cualquiera de los dos podría haberse plantado en su posición abigarrada y no haber querido salir de ahí, pero no. Al rato de aquello estuvimos hablando de por qué yo había entrado en esa espiral sin sentido y la había tratado así, a gritos y de malas formas, y ella hizo lo mismo conmigo.

Ese fue el día que cambió nuestra relación sin que ninguno de nosotros se diese cuenta. Desde aquel día yo hacía lo imposible para que ella fuese capaz de salir adelante con todos los retos que tenía frente a sus narices, con todos sus obstáculos y sus limitaciones. Quería insuflar el aire suficiente para que retomara el aliento necesario y pudiera salir de aquel embrollo en el que había entrado a lo largo de sus últimos cuatro años.

María había repetido no sé cuántos cursos en su vida. Tenía ya los dieciocho años y seguía en cuarto de ESO, pero con ganas de intentar algo que creía y se pensaba que no podría hacer. Y la verdad, era prácticamente imposible. Nunca se lo dije, al contrario, siempre le dije que lo intentara, que adelante. Porque el mundo está lleno de heroicidades que, si las dejamos transcurrir, suceder o las alentamos, pueden sorprendernos como un espectáculo del Circo del Sol; historias y leyendas o mitologías diversas, culturales, populares... Tenemos a Hércules y su genial Quirón guiándole por las sendas de la vida, personas que rescatan a otras en incendios jugándose su propia vida, un capullo que lucha contra viento y marea para florecer y alegrarnos el paseo... María fue una heroína y el destino nada casual nos intercomunicó en el mismo espacio y tiempo, ubicándonos en la misma tutoría y clase de lengua. No iba a ser yo quien le dijera lo difícil de su empresa, ella ya era suficientemente consciente de eso.

Recuerdo en este punto la historia del niño de seis años que, en un lago totalmente congelado, al resquebrajarse y caerse en él su hermano mayor (de ocho), consiguió sacarlo completamente solo del boquete en el que había caído. No había nadie más en ese preciso instante. Y no fue hasta pasados unos minutos cuando empezó a llegar gente y todos se extrañaban de la proeza, de la heroicidad y de cómo un niño de apenas seis años habría podido sacar a otro de ocho de un agujero en un lago congelado. Era algo increíble. Alguien le habría ayudado y luego desaparecería… Entonces un señor mayor que estaba no muy lejos dijo que lo había visto con sus propios ojos: el niño lo hizo sin ayuda de nadie. Y todos se seguían preguntando cómo había sido posible. Y el anciano les respondió a todos: «No había nadie delante que le dijera que no podía hacerlo». Pues eso hice yo, creo que inconscientemente, con María. No solo no le quité el entusiasmo, sino que le insuflé el poco coraje que le faltaba.

María, para poder titular ese año y no tener que irse a la educación de adultos, debía aprobar únicamente unas veinticinco o treinta asignaturas, la verdad, no lo recuerdo; la cantidad en sí misma suponía tal barbarie que da igual cinco más o menos… Estaba en lo que llaman algunos alumnos de carreras científicas cuarto factorial, porque tenía que aprobar cuarto y tenía un chorro de tercero y de segundo, creo que primero lo tenía limpio… quizás le quedara el inglés o algo así… Tenía tecnologías, físicas, lenguas, sociales, inglés, matemáticas… ¡Tremendo! Sin embargo, ella obró su pequeño gran milagro. Se lo prometió a su madre y lo cumplió. Porque María, entre las muchas características que poseía, también estaban la de ser fiel y cabezota.

Aprobó veintitrés y suspendió cuatro. Algunos decían que aquello era una desgracia, que con cuatro suspensos no iba a poder titular, que era una pena, que se veía venir; pues vaya calamidad, ya lo dije yo… Pero a mí no me dio la gana de rendirme, la verdad. Yo prefería quedarme con que había aprobado veintitrés asignaturas, una chica que no había hecho gran cosa en los últimos tres años.

La sensación que te queda es la de no haber conseguido tu objetivo, es como si te hubieran quedado quince, da igual. Era vivir en carne viva el sufrimiento del desgaste y sentir que, efectivamente, tal y como todo el mundo te decía, no ibas a lograrlo. Era el momento de «te lo dije» y otra serie de expresiones que ya sabemos que cierran los canales de comunicación entre dos o más personas. Has tirado un año para nada, porque te vas a ir igualmente a adultos si quieres tu título.

Sin embargo, a su tutor, o sea, a mí, no le daba la gana de que pasara nada de eso, como ya he dicho antes. Así que le conté la situación a uno de sus profesores, un duro hueso de roer, Juan Antonio, que, por supuesto, me dijo que no la aprobaba. Volví a contarle los esfuerzos de María, que no valorara el pasado, sino este curso actual, su presente, su lucha cotidiana en una casa sin un padre al que, en el fondo, echaba de menos, y sin grandes prestaciones económicas. Se lo pedí como un favor personal. Desde el primer día me batía en duelo con el mismísimo Tritón para poder sacar a María de aquella pesadilla de proporciones oceánicas, no iba a consentir que ahora se esfumara todo aquello por lo que ella había luchado en espumas que se desvanecen a pie de orilla. Yo solo la animaba, la incitaba, la provocaba, la retaba, la abrazaba si hacía falta o le regañaba. Juan Antonio comprendió perfectamente y, al final, consintió. No era tan duro de roer, lo que necesitaba es que se le explicaran bien los hechos, charlar… Le aprobó sus dos asignaturas. Quedaban dos, ya daba igual lo que sucediera porque con esas dos se podía titular si el equipo educativo (todos los profes que le impartían clase este curso) lo decidía. El trabajo ahora era de pura oratoria, en la que me manejo bien, creo. Había que buscar votos a favor de la titulación. Era como eso de las películas en las que se patean el congreso de los EE. UU. para conseguir votos y apoyos diversos para aquello que persiguen. Corren tras los senadores, les ofrecen favores diversos, les amenazan con los secretos que saben de ellos o la historia de aquella prostituta que vete tú a saber. Pues igual hice yo, pero sin chantajes ni prostitutas ni nada de eso.

Llegó la reunión y se decidió que sí, que el esfuerzo de María era innegable y, sobre todo, sorprendente, máxime teniendo en cuenta su pasado en el centro. Juan Antonio dejó claro ante todos que él le había regalado las dos asignaturas pendientes. Que ella no las había aprobado, pero que tras hablar conmigo había sabido apreciar el esfuerzo de la chica.

Tituló.

Cuando se enteró… ¡Cómo lloraba! ¡Cuántas lágrimas de esfuerzo, pasión, lucha y promesas cayeron aquella mañana! Es de esos momentos que no tienen precio y que, mientras el alzhéimer no lo impida, nunca podré olvidar. Y su madre… no dejaba de abrazarme mientras lloraba…

Años después me la encontré en la cafetería de un centro comercial muy famoso y antiguo. Llamó a uno de sus jefes para presentarme, para decirle que yo había conseguido que ella se sacara su graduado a base de mi pesadez constante. No paraba de darme las gracias. Le dije que yo solo la animé, la motivé, le di las alas necesarias para que ella sola volara… y voló, ya te digo que voló… Solo hice lo que creía que debía hacer para que ella sola obrara el milagro. Porque el milagro lo emprendió ella.

Aún hoy me da las gracias y no sé si se habrá dado cuenta de que se las debe dar a ella misma, yo lo único que hice fue alterar el sistema. La que fundió su energía en la persecución de un deseo fue ella. Solo ella. Yo no fui un mero espectador, la acompañé en su camino y, la verdad, disfruté más que cuando tuve la oportunidad de ver la representación magnánima de *Los Miserables* o un concierto lleno de gaitas de Mike Oldfield en la plaza de toros acompañado de mi cuñado Paco 1. Su genio no era solo algo actitudinal, es que era una genia, pero no llegaba a creerse sus aptitudes, por eso siempre permanecía en estados similares. Era un diamante en bruto.

Aún hoy, de vez en cuando, coincidimos… y el corazón me late más aprisa…

María, volcán a punto de entrar en erupción. María, energía y genio en estado puro.

María, fierecilla sin domar.

María, título, trabajo, vida resuelta en una Matrix en la que vivía plenamente. María, ejemplo de esfuerzo, coraje y constancia.

Gracias, María. Gracias a ti.

Si quieres algo, debes lanzarte
al vacío más absoluto

*La verdadera educación de un hombre
comienza varias generaciones atrás.*
ELEUTERIO MANERO

Cual largo camino que te lleva por un paraje lleno de aventuras inhóspitas hacia otra provincia, sobre una burra, sin más familia que la que te acompaña, así era Belén, una chica de quince años que hasta en el nombre llevaba su cruz. Cuerpo fino, metamorfoseado y larguirucho cual personaje de la saga de *Star Wars* y con una boca hedionda que destilaba todo tipo de improperios e insultos a cualquier hora del día siempre que le llevaras la contraria a sus caprichos o que ella tuviera un día menos bueno.

Belén, sin duda, era especial. Mucho. Era como Chema, pero en chica. Aunque su historia era infinitamente peor… o esa era la sensación desde fuera, ya que, realmente, no son historias que uno pueda comparar en peso y profundidad como para decir si es o no peor que otra. Las dos eran malas historias, pero el rosario de Belén… ¡Ese no tiene explicación!

Ya el día que nos conocimos en clase fue una lucha sin cuartel. Me llevó muchas clases poder hacerme con ella, para poder llegar hasta ese encanto suyo que tenía como reflujo el hedor del desengaño vital que arrastraba desde su más tierna infancia. Abandonada a su suerte desde sus inicios, con una madre drogodependiente que probablemente ni recordaba que la había parido en un pueblo de otra provincia muy conocido por sus innumerables barrios bajos llenos de drogas, prostitución, robos y estraperlos de todo tipo. Ese fue su portal. Un portal con una estrella mustia y decadente que le guiaba por caminos inciertos e indiscutiblemente estrellados.

Su padre era un mindundi de chabola que decidió mudarse a nuestro barrio (donde estaba el instituto), pero que luego se quedó en eterna busca y captura, con sus respectivos «entra y sale» carcelarios. Total, que nos queda en el portal una niña con su buey y su mula: dos tíos cariñosos que, entre lágrimas desgarradoras, estaban entregaditos al cúmulo de miseria a la que les arrastraba Belén en el devenir diario de su existencia. Belén era la peor sirena que se haya visto nunca en la antigüedad o en su literatura.

Tenía el don de atraerte alegremente a los más oscuros pozos de inmundicia y miseria emocional. Sus tíos, los únicos que le daban todo el calor que podían, estaban ya exhaustos del duro camino que llevaban recorriendo desde hacía años. Y entendemos calor en su sentido más amplio no solo como calor, sino también como casa, comida, ropa, móvil, paga, caprichos y paciencia, sobre todo, mucha paciencia.

Su alma abandonada solo buscaba un poco de algo que no llegaba a encontrar ni en el buey ni en la mula, ella necesitaba como una condenada a su María y a su José. Su alma, descarriada desde el parto, gritaba a borbotones por un abrazo de su madre y, a ser posible, de su padre también. Sus tíos, a los que quería con locura, a pesar de la tortura a la que los sometía, no eran suficientes.

Su infancia transcurrió en uno de esos barrios que ya comenté, entre drogas, pinchazos, cocaína, maría (pero no de la virgen, sino de la que te priva del sentido más impoluto que podría y debería tener cualquier bebé), amantes sucios y borrachos que hacen cola a la puerta de tu casa y que, seguramente, también agredían vete tú a saber a quién o a quiénes, aunque esto nunca me lo contó. De lo poco que no me contó, si es que llegó a suceder, que, realmente, tampoco lo sé.

A Belén, con ocho años le importaba poco la vida y a la vida parecía importarle poco Belén. A sus ocho años había visto y vivido más experiencias de las que yo nunca podré llegar siquiera a comprender. A sus ocho años le importaban un pimiento, por no decir una mierda, los Reyes Magos, ella prefería a los camellos, que eran los que realmente cargaban con las mercancías que había visto desde siempre y con las que quería divertirse. Esas agujas afiladas con las que jugar a los médicos, esos mecheros con los que hacer una buena candela para luego fumar, esas chuches con forma de canutillos enrollables rellenos, en el mejor de los casos, de nicotina y alquitrán. Juguetes con los que dejar volar su imaginación hasta límites insospechados.

Por Belén, como buen portal, rondaban muchos pastores y ya, a sus quince años, seguramente fueron al huerto a sembrar varias decenas de veces, seguro.

Esa era Belén: un cúmulo de despropósitos. Y, aunque quisiera, no podía evitarlo.

Todos los días había altercados con Belén, gritos, insultos, guantazos, tirones de pelos... Y, si se daba la ocasión, hasta un buen «zorra» restregado en la cara de alguna profesora a la que, dicho sea de paso, tampoco le venía mal que le plantaran cara (aunque no de esa forma, claro). El director, ya de antes que yo, tenía predilección por ella. Yo era el tutor y la acababa de conocer, pero mi jefe la conocía desde el año anterior y sabía más de ella que nadie. Belén sabía que tenía seis hombros en el instituto sobre los que llorar: los del director, los de su tutor y los de la enlace con los servicios sociales: Trinidad.

Y así ya completamos el belén.

De entre los muchos altercados, huidas de casa, robos, amenazas... solo voy a contar la que fue única, aquella que recordaré toda la vida mientras mi memoria me lo permita. No es una historia, es La Historia. Por lo que sucedió, por las sensaciones que experimenté, porque aún no sé por qué lo hicimos y por lo que lloré.

Hay momentos en tu vida, ya sea en lo personal, familiar, laboral o incluso en las redes sociales, que son cruciales. Hay momentos en tu vida en los que actúas sin más. Y cuando luego, unos minutos después piensas en lo sucedido, entonces, y solo entonces, tu corazón se desboca como una manada de búfalos. Y eso fue lo que sucedió.

Cierto día, en el que, dicho sea de paso, Belén no había venido a clase, aparecieron allí sus tíos y su primo. Desconsolados, rabiando, llorando, asustados hasta la angustia... Belén se marchó la noche antes y no sabían dónde estaba. Habían hablado con ella a través del móvil de un amigo y creían que podía estar por un barrio determinado a las afueras de la ciudad. Barrio no muy malo, pero tampoco era el más limpio y cuidado por el ayuntamiento. No sabían qué hacer ni cómo buscarla. Habían avisado a la policía, pero había que esperar más tiempo y, como ellos se esperaban cualquier maldad de Belén, pues no querían esperar. Mi director dio un nuevo aviso a la policía y añadimos el agravante de que podía estar con algún muchacho que desconocíamos.

Nos dijeron que mandarían una patrulla al barrio por si la veían paseando y que preguntarían en un par de sitios.

La familia, agradecida, no sabía si irse o quedarse en el centro. Entonces ocurrió. Mi director, Alfonso, dijo que iba a buscarla en su coche. Y yo dije que le acompañaba. En el coche, casi sin hablar, salvo con comentarios nerviosos por parte de los dos sobre qué le podría haber pasado o podría estar pasando, yo pensaba en mi mujer y en mis hijos, pequeñitos aún, a los que tanto quería y quiero. Llamé por teléfono a mi mujer y le conté lo sucedido, por si llegaba más tarde de lo habitual a casa. Y ella fue mi primer bofetón con la realidad: «Tened cuidado», dijo. Nada más.

Llegamos al barrio y empezamos a patrullarlo en coche. Después de hacernos con el barrio, que nunca antes habíamos pisado ni de cerca (yo ni sabía qué era eso), decidimos volver a dar otro par de vueltas. Y entonces aparcamos y comenzamos a hacer lo mismo, pero a pie. Preguntamos en cafeterías y bares, tiendas de barrio, papelerías, carnicerías y mecánicos. ¿Ha visto usted a una chica delgada, de tal estatura, de unos quince años, con el pelo así y con ojos rasgados por la miseria que arrastra de nacimiento? Nadie la había visto. Hasta que en un bar nos dijo alguien que le parecía que podía ser una chica que ayer iba llorando con otros dos o tres chicos hacia el norte del barrio. Vimos un coche patrulla de los nacionales y decidimos llamar su atención para que parasen. Les dijimos lo que pasaba y nos dijeron que sí, que ellos estaban allí por lo mismo. Nos dieron un número de teléfono y el número de su patrulla por si veíamos o averiguábamos algo, que ellos ya habían hecho su ronda y tenían que irse. Nos dijeron que, si llamábamos a ese número, la central les pasaba a ellos directamente el recado.

Y se fueron. Y allí nos quedamos nosotros patrullando… con toda nuestra nula experiencia para estas hazañas.

Seguimos nuestra cruzada particular a pie, seguimos buscando, seguimos rabiando y los niveles de preocupación se dispararon. Alfonso, de pronto, se desvió… Había visto un puente y fue a asomarse. Se salió del camino y vio que, mal aparcado y sin explicación aparente, había un camión y un hombre deambulando. El horror nos sobrecogió. Él iba delante, aceleró su paso y cuando lo vio… más aprisa se dio la vuelta con celeridad y vino a por mí. Me cogió por los hombros con una cara que no pude comprender hasta que empezó a reírse acalorada y nerviosamente. Me dijo: «Un camionero que se ha escondido debajo del puente para cagar, ja, ja, ja». La risa nerviosa también se apoderó de mí. Después de las risas me confesó que se asustó mucho al llegar al puente y ver que debajo, por un camino arenoso, había un camión mal parado y un hombre por allí como buscando algo.

Seguimos entonces hacia donde nos había dicho un señor que la había visto la noche de antes. El barrio empeoraba a cada paso que dábamos para adentrarnos en él. Y entre risas nerviosas nos decíamos pensamientos como «A saber dónde y cómo acabamos, ¿no?». Entramos en un supermercado y preguntamos por Belén. La cajera nos dijo que creía haberla visto con unos chicos, no hacía mucho rato y que había ido hacia la calle tal. Y allí que fuimos. Preguntamos en varias casas y sentimos que nos acercábamos a la realidad, fuera la que fuese. De pronto, llamamos a una puerta. Nos abrió un muchacho preguntando qué queríamos. Le dijimos que si había visto a una chica… y nos dijo que no, que no sabía nada de ella. Se acercó otro muchacho por detrás y otro más luego. ¿Qué pasa, qué quieren?

—Nada, que preguntan por una chica.

—No que va, no la hemos visto. Si la vemos avisamos a la policía no se preocupen.

—De acuerdo, muchas gracias.

Nos dimos la vuelta y hasta que no oímos que la puerta se cerraba a nuestras espaldas no respiramos tranquilos. Seguimos andando, buscando por más casas mientras nos decíamos, disimulando, que, seguro, seguro, Belén estaba allí. En ese momento recordé cuando evité el atraco de una bicicleta a un chaval de unos doce años en plena calle y a plena luz del día. Corrí y corrí detrás del ladrón, que llevaba la bici robada a su lado, sin montarse, y justo cuando hizo el ademán de montarse en la bici en marcha en plena carrera, la alcancé por la rueda trasera y la paré en seco. El pobre cayó de boca sobre la acera, dio dos vueltas sobre el suelo, se levantó y salió corriendo. Fue ese el momento en que pensé: «¡Joder! ¿Y si se hubiese levantado con un cuchillo y se me hubiera venido encima?» La chica con la que estaba en el semáforo se quedó estupefacta. Estaba hablando conmigo y, de repente, me salté el semáforo y salí corriendo. Hasta un par de minutos después no se dio cuenta de lo que había pasado. Y en esa carrera recuerdo lo que me animó a hacerla sin pensar: primero el instinto y mi afán por la justicia, segundo, un anciano que intentaba correr con un bastón en la mano y que gritaba, primero al ladrón y luego a mí diciéndome: «¡Corre tú, que yo no puedo!».

Pasados un par de minutos nos alejamos calle abajo, de vuelta al coche. Por el camino Alfonso llamó por teléfono al número que nos habían dado y pidió que pasaran el siguiente recado a la patrulla x (que dicho así…): «La chica que buscan está en tal calle y dimos las señas. Hay tres chicos, al menos, con ella. No sabemos nada más. Si realmente es así, llévenla al instituto, allí la esperan».

Habíamos invertido unas dos horas en toda nuestra búsqueda. Dos horas es apenas un instante en la vida del universo, pero aquello parecía un año. Dos horas que podía haber usado la policía, pero, al parecer, no dan abasto. No los juzgo a ellos, sino al sistema y a cómo están establecidas las prioridades. Ese día aprendí de verdad que, si quieres algo, debes lanzarte al vacío más absoluto a por ello.

Llegamos al coche y nos fuimos de nuevo al instituto. Su familia estaba allí. Seguía angustiada. Les contamos lo sucedido y decidieron esperar un rato más, por si acaso. Una hora más tarde llegaba la patrulla de la policía al instituto. Traían a Belén. Estaba en la casa que habíamos dicho. En cuanto llegó la policía, los muchachos decidieron no arriesgarse más y les dijeron que estaba allí dentro.

Belén nos vio, vino corriendo y nos abrazó gritando mientras lloraba: «Yo estaba escondida en el armario cuando llamasteis para que no me vierais, y vosotros habéis venido a buscarme, a mí, habéis venido a buscarme a mí», decía entre un millón de lágrimas.

No le había pasado nada grave, no era un secuestro, no era una violación… solo una fuga de casa con unos chicos que conocía a través de otro alguien, pero en realidad le eran desconocidos. Los chicos a esta edad hacen lo que sean por un colega o un amigo de un colega, aunque sea dar cobijo a otro que se ha escapado y al que no conocen. Son así de solidarios y desprendidos.

Otra fuga más de Belén. La última.

Sus tíos, esa misma mañana, por teléfono, habían averiguado qué hacer para renunciar a la custodia de su sobrina. La cedían de nuevo a sus padres. Aquellos de los que te hablé unas páginas atrás. Intentamos convencerlos, pero no podían más. Y también ellos necesitaban un descanso. No era justo. Entre lágrimas, confesaron que no podían más, que ellos lo intentaban y lo intentaban, pero que ya no podían. Que esta era la última. Y lo decían mientras les caían lagrimones como catedrales.

Belén volvía a su portal, sucio y mugriento, abandonado, maltrecho; con su abuela, rodeada de camellos y con una estrella que anunciaba el fin de sus días.

En Belén doblaban las campanas aquel martes.

Si se puede hacer algo por rescatar una vida, lo haremos

No les evitéis a vuestros hijos las dificultades de la vida,
enseñadles más bien a superarlas.
LOUIS PASTEUR

Recién estrenado mi despacho de jefatura de estudios, de hecho, creo que fue al cuarto o quinto día, recibí una llamada en mi móvil de una amiga mía: Belén. Quería un favor. Me conocía, sabía mi forma de trabajar, de comportarme con los chicos, de tratarlos... y quería un gran favor. Belén fue por unos días como una madre para mí, incluso por un tiempo indeterminado de varias horas, fue mi consuelo, mi apoyo y mi despertar.

Pretendía que entrara en mi instituto un chico de otro centro y al que ella había tratado un tiempo en su trabajo por una adicción al tabaco. Fumaba demasiado. Y quería que entrara en mi centro, donde yo era, además, jefe de estudios, para que estuviera supervisado también por mí y evitara que se le expulsara mucho, al menos, no de forma reiterada e injusta. En su centro actual era ya tal el torbellino que se había creado en torno a su figura y era tal su mala habilidad para estar siempre en medio de un meollo, que, aunque no hubiera hecho nada, a la más mínima iba a la calle. Creían (mi amiga y la madre del chico) que le podría venir muy bien el cambio. Nadie lo conocía, ni alumnos ni profesores. Vivían en la otra punta de la ciudad y lo más lógico es que ni de vista pudiera conocer a alguien. Y así, mientras te haces con el entorno y el entorno se hace contigo, pasa medio curso, y eso es un tiempo vital que ganas.

A mí, la verdad, no me importaba, pero no sabía cómo iba a caer eso en el centro, en mis compañeros de dirección y en el resto del claustro. Le dije que lo pensaríamos.

Hay que aclarar que no era ningún chanchullo, en nuestro centro siempre sobraban plazas, por tanto, podías solicitarla sin problema. Y eso que a su madre le iba a costar traer al niño todos los días tan lejos de casa, pero, al parecer, se comprometía a hacerlo. Ella repartía periódicos gratuitos desde las siete y media de la mañana en calles cercanas a nuestro centro, así que, el que peor lo iba a llevar era el chico, que iba a tener que madrugar más. Mucho más.

En fin, lo hablé con el equipo directivo y, de entrada, no gustó mucho la idea, por no decir que no gustó nada. Les hablé de nuestra labor también como educadores y de las oportunidades que había que brindar a los niños, que ya iba a dar igual uno más si salía rana, porque, de todas formas, ya teníamos muchas ranas… y sapos y culebras por el centro deambulando por los pasillos de la infertilidad académica. Me costó convencerlos. Me comprometí a supervisarlo yo personalmente y a estar atento a él, a llamar a su madre… En definitiva, a tutorizarlo.

Llamé a mi amiga y le dije que podía haber opciones, pero que antes sería bueno que vinieran al centro el chico y su madre y lo vieran y hablaran conmigo. Yo, personalmente, quería charlar con ellos largo y tendido sobre el asunto. Aceptaron y unos días después, una tediosa y asfixiante mañana de un martes de julio, con un terral que te morías y que escondía cuarenta y tres grados entre sus abrazos airados, aparecieron allí a la hora convenida, con mi amiga también, claro, que los acompañaba.

Entraron en mi despacho y nos acomodamos. Le pregunté el nombre al chico, necesitaba saberlo, siempre me gusta saber los nombres de las personas y, en la medida de lo posible, llamarlas por su nombre. Qué le vamos a hacer, yo soy de esos extravagantes que al ir a pagar en la caja dice comentarios como «Gracias, Alicia», tras mirar el nombre que lleva en la etiqueta la cajera correspondiente. Él se llamaba Rodrigo.

Rodrigo era apenas un metro y medio de nervio puro. «Se movía más que un garbanzo en la boca de un viejo», como decía una conocida mía. No daba tiempo a mirarlo en una misma postura más de cinco segundos. Cambiaba, se revolvía. Volvía a cambiar. Aquel encuentro fue un gran inicio para ambos. De entrada, no levantaba la cabeza para nada. Mirando al suelo. Su postura corporal y su mirada (en los escasos momentos en los que conseguía vérsela) me decían que él era consciente de lo que había hecho mal, pero que no podía evitarlo. Su mirada destilaba culpa a raudales. Era consciente del daño que hacía a su madre. Sin embargo, también se colaban unas gotas de rabia por tener que cambiar de centro, por abandonar su barrio, sus amigos, sus compañeros y hasta a sus profes antiguos.

Después de que me plantearan su situación y el porqué del cambio, yo insistí en quedarme un rato a solas con Rodrigo en el despacho, así que invité muy educadamente a su madre y a mi amiga a que salieran. Allí, los dos solos, charlamos durante apenas siete u ocho minutos. Suficiente. Le dije que aprovecharíamos el estar solos para hablar más claro los dos, aunque parezca algo mafioso, mi tono era cordial y amable. Así que le dije que yo estaba dispuesto a echarle una mano siempre que fuera posible, pero que en todo aquello que no fuera salvable, tendría que aplicar la normativa. No estaba dispuesto a que hiciera lo que le diera la gana y encima fuera por ahí diciendo o creyendo que tenía un salvoconducto firmado por el jefe de estudios (como de hecho llegó a suceder alguna vez). También le dije que deberíamos hacer un contrato, al menos, verbal, en el que él se comprometiera con algunas actitudes o acciones y yo con otras. Y así fue, entre los dos acordamos una serie de términos en los que comprometernos para así poder mejorar las diferentes situaciones que se pudieran dar. Por ejemplo: antes de perder los nervios con algún profesor, debía pedir por favor bajar a jefatura a hablar conmigo. Y ya allí podía chillar o cagarse en quien quisiera como desahogo. Yo, previamente, hablaría con sus profes para que lo supieran y le dieran permiso. Esto me costó muy caro con algunos compañeros. Aunque miro atrás y, la verdad, me da igual. Algunos eran insensibles hasta la médula, aunque se las dieran de santurrones, claro.

En aquel despacho, a puerta cerrada, Rodrigo y yo establecimos las bases de una relación laboral sana. Yo le di técnicas para moverse por el centro, incluso, le expliqué cómo eran determinados profesores suyos, para que supiera cómo actuar en cada caso.

Ya hablé antes de Trinidad. Ya sabes de quién hablo y de que es un encanto. Una de esas personas volcadas en su trabajo como nadie, que desbordaba cariño y empatía, alegría y saber estar. Justa y equilibrada, para bien y para mal. Trabajaba en otro centro también. Y, casualmente, era el centro del que provenía Rodrigo. De hecho, fue a ella a quién consulté si merecía la pena dejarle venir a nuestro centro y si le podría venir bien. Ella fue la que me hizo ver que sí. Que ese cambio podría ser bueno. Me dijo que allí estaba ya todo tan viciado que cada vez que Rodrigo estornudaba sin permiso, lo expulsaban (es una forma de hablar, ya me entiendes). Así que acepté. Si se puede hacer algo para rescatar una vida, lo haremos, por muchos enfrentamientos que eso me pueda generar. Si la intención era buena y el nivel de posibilidades también, pues adelante. No iba a ser yo quién lo impidiera.

Sin embargo, él era quien era y lo que era. Un fruto de multitud de circunstancias.

Rodrigo, con seis años cogió y se fumó un cigarro para probarlo. Y la madre, aconsejada por una vecina, con toda su buena intención, le dijo que ahora se tenía que fumar todo el paquete, para que le cogiera asco y no volviera a fumar en su vida. Sin embargo, salió el tiro por la culata. Al niño le gustó, de forma que, desde los seis o los siete años, era ya un fumador empedernido. De ahí fue a diversas asociaciones para que le quitaran su enganche con el tabaco antes de que pudiera dar el salto a otro tipo de sustancias.

Fase uno, fase dos, fase uno, fase dos, fase uno, fase uno, fase uno... esa era su trayectoria. Siempre volvía a recaer.

Y pasó a otras sustancias, y tuvo controles mensuales de sangre y orina. Y volvía siempre a la fase uno.

Entretanto, el curso seguía y sus problemas disciplinarios se disparaban. Yo me lo llevaba a mi despacho y trataba de ayudarle cuanto podía, pero no siempre podía. Hay ocasiones en las que no puedes hacer nada o en las que realmente ves que debe haber consecuencias. Llegó el día en que fue el propio director quien entró en mi despacho y, muy serio, pero muy amigable, me dijo: «Tío, esto ya no se puede consentir. O me haces el papel de expulsión que lo firme o lo hago yo».Y lo hice. Claro. Se había pasado tres pueblos. Con los chavales hay que tener paciencia, hay que guiarlos, pero no hay que dejarles hacer libremente a su arbitrio cuando es algo que ofende, y gravemente, a los demás. En aquella ocasión se le fue todo de las manos, y no era yo el que iba a protegerlo. Debía asumir su responsabilidad.Y yo también.

Lo traté con cariño igualmente. Llamé a su madre.Vino con su hijo, se sentaron delante de mí en una mesa redonda que teníamos y charlamos. La madre entendió perfectamente que lo expulsáramos y agradeció enormemente cómo me implicaba con su hijo y lo que hacía por él.Yo le expliqué a Rodrigo que la vida siempre está llena de consecuencias.Y que todo lo que hacíamos, bueno o malo, las tenía. Le expliqué que, a lo peor, también él era una consecuencia de hechos anteriores, y que eso era importante que lo trabajaran en casa. Sentí expulsarlo, pero tenía que hacerlo. A partir de aquí… la situación empezó a torcerse a una velocidad de vértigo.Teníamos conflictos todas las semanas.Y él también tenía conflictos dentro y fuera de clase y de casa. De pronto empezó a robar motos; lo pillaron en un par de ocasiones. La madre se desesperaba, venía a mi despacho, se desahogaba, lloraba. Se iba. Volvía. Las expulsiones se sucedían, no muy rápido, pero sí más de lo esperado. Pasó el curso. Lo hicimos entre todos lo mejor que pudimos (su madre, el niño de vez en cuando, mi amiga, yo).

Al final, se vio que, pasado un año de barbecho, era bueno que Rodrigo volviera a su anterior centro, no para estudiar secundaria, sino para optar a un curso previo a un ciclo formativo. Ya se habría disipado algo su fama y podría rehacer algo su vida, si se lo proponía con entusiasmo. Así pues, rellenamos todos los papeles y los cursamos dónde correspondía.

Consiguió plaza y se fue. Sé que algunos compañeros lo celebraron por todo lo alto. Yo lo acabé echando de menos, aunque, laboralmente, fue un descanso. Tampoco nos vamos a engañar. Me generaba mucho trabajo y muchas caras sonrientes para evitar problemas mayores.

Fase uno, fase dos y fase tres. Y salió limpio años después y, al parecer, en su graduación (la de la desintoxicación) tuvo unas palabras para aquellas personas que le ayudaron en su camino, en décimo o vigésimo lugar me nombró a mí.

Así que compensaron los malos ratos.

La educación es así de ingrata. La mayor parte de las veces nadie te agradece nada. Y en ocasiones, esos agradecimientos llegan siempre mucho tiempo después. A veces, incluso, años. Pero cuando llegan… es un soplo de aire fresco que te da alas para seguir en el camino que crees adecuado. Da igual cuántas zancadillas te pongan otros o que se rían de ti o que te digan que eres un buenazo o un tontorrón. Da exactamente igual. A mí me lo da, desde luego.

Luego ya le perdí la pista. Ocho años después le pregunté a mi amiga, pero tampoco sabía nada de él. Había pasado con éxito por allí y, con las mismas rehízo su vida y se fue.

Sin embargo, meses después de aquello, circunstancias de la vida, hablé con Trinidad y me dijo que hacía un par de años, cuando ella entró a trabajar en Justicia, se lo encontró. Estaba cumpliendo con una medida de libertad vigilada, que ella lo veía bien y que le había venido muy bien la medida para reaccionar, había dejado los porros y la relación en su familia había mejorado considerablemente desde que sus padres se habían divorciado. A veces es algo necesario pasar por esa maldita experiencia para que la vida se reordene.

Y, seguidamente, apostilló textualmente: «Fue un placer y una gran suerte trabajar a tu lado. Fueron mis mejores momentos en el instituto. Te tengo que dar las gracias por todo ello». A veces cuesta trabajo separar el ego de lo reconfortante. Uno hace aquello que hace por creencias, por ideales, por valores y porque le sale así de espíritu o nacimiento. No esperas nada a cambio. No buscas nada más que el hecho de que las cosas se hagan lo mejor y más humanamente posible. El camino llevará a cada uno a su sitio y la rueda de la fortuna nos ubicará donde estime oportuno en los diferentes momentos de nuestra vida. Sin embargo, que ocho años después te digan esas palabras, es cierto que es como una ducha de agua fría en la playa durante un calorazo veraniego de cuarenta y cuatro grados. Agrada. Insisto, no sé si es ego o es respirar hondo. Lo que quiero decir es que no quiero hacer uso de las palabras de Trinidad para dejarme a mí mismo en buen lugar; soy humano, ya sé que cometo errores y, en ocasiones, graves, de los que aprendí; pero también es cierto que no soy solo errores, también tengo intenciones buenas que intento ir sembrando por donde puedo. Y hago bien mi trabajo.

Gracias, Trinidad, Trini. Compartir momentos así contigo fue también una gran experiencia para mí, de la que aprendí muchísimo, por tu implicación, por tu forma de trabajar con los chicos, por tu cercanía, por tu saber estar, por tragarte sapos cuando te los tenías que tragar, por los momentos de confianza que tuvimos y por esas miradas furtivas a escondidas de ciertos compañeros gritones que pedían la horca muchas veces, para luego hacer lo que nosotros creíamos más conveniente. Para mí fue todo un lujo poder aprender tanto de ti y, sobre todo, descubrir que las cosas se pueden hacer de otro modo.

Y la experiencia fue tan intensa laboralmente entre los dos, que ocho años después decidimos escribirnos y nos contamos la vida de forma natural.

El placer fue también mío.

E intuyo que, en el fondo, y a pesar de todos sus pesares, a Rodrigo le vino bien cambiar de centro un año al menos. Ese tambaleo, ese ver que la gente apostaba por él, creo que fue una lección vital en un mundo de circunstancias adversas. Y con eso me quedo.

No enfrentarse a los alumnos, sino trabajar y sacar lo mejor de ellos[7]

Excelente maestro es aquel que, enseñando poco,
hace nacer en el alumno un deseo grande de aprender.
ARTURO GRAF

En nuestro centro teníamos una particularidad. Una muy especial que nos diferenciaba de la mayoría de centros, sin lugar a dudas: entre el personal de nuestro centro estaba Hedrig, un señor de origen danés. Y lo peculiar no es su origen, que también, sino su trabajo allí.

Hedrig era un tipo enorme. En todos los sentidos. Físicamente era muy alto y con mucho volumen. No es que fuera gordo, es que era cúbico por todas partes. Alto, fuerte, y sí, regordete, pero con mucha corpulencia. Barba frondosa y ojos marrones pequeñitos, pero penetrantes y directos, que acompañaban a una voz grave como ella sola que parecía salir desde el fondo del mito de la caverna. Un español de origen escandinavo con una rica mezcla de culturas.

Había tres aspectos que me sorprendían enormemente de Hedrig:

---

[7] A la memoria de mi compañero Eugenio, que falleció antes de que pudiéramos despedirnos.

1. Daba igual la temperatura que hiciera (treinta grados los días más veraniegos o siete u ocho grados los de más frío), él siempre estaba en manga corta y sudando. Sudaba mucho. Transpiraba mucho, aunque también es verdad que su transpiración dejaba un almizcle de paz, armonía y estilo. Sabía dónde estaba, lo que hacía y lo que quería. Era un tipo brillante, ingenioso, cariñoso, afectuoso y otras muchas más virtudes. Sabía lo que quería de su vida y lo que quería hacer con ella.

2. Sus pies. El tamaño de sus dedos y de sus pies era descomunal. Supongo que podría calzar un cuarenta y cinco o un cuarenta y seis… o tal vez más. Y, por supuesto, daba igual la temperatura, siempre iba con sandalias. Sus dedos al aire parecían morcillas ibéricas dispuestas en una bandeja. Sabía dónde pisaba y pisaba firme. No se andaba por arenas movedizas ni tonterías varias. Era muy consciente de sus pisadas y de hacia dónde le llevaban. Pasos cortos, firmes, secos y prudentemente torpes.

3. Su ingenio. Su creatividad. Su saber inventar a partir de la basura. Él no lo sabe, pero, creo que, inconscientemente, yo aprendí mucho de su trato con los chavales. Siempre lo he apreciado mucho, muchísimo. Siempre que nos hemos visto en algún otro lugar hemos sido los dos muy cariñosos. Era un tipo doblemente genial: de genio brillante y de estupendo.

Sin embargo, Hedrig no era profesor. Aunque ya quisieran muchos profesores y profesoras ser como él o, cuando menos, llegarle a la altura de sus inmensas sandalias. Hedrig era un artista.

Ni más ni menos. Tenía su taller y allí hacía sus obras de arte y sus exposiciones. Sin embargo, estaba en nuestro centro también porque al parecer, había presentado un proyecto a la administración oportuna en la que explicaba cómo podía colaborar en un centro conflictivo y tratar con los chavales. Y se lo admitieron y lo contrataron como personal externo del centro.

Hedrig era increíble con los chicos del centro. Él tenía una jornada como la de un profesor (y un sueldo parecido), salvo que él solo tenía alumnos conflictivos, peleones, desagradables, violentos… durante toda su jornada semanal. Insisto: tooooda su jornada laboral.

Dentro del instituto tenía un pequeño taller donde se metía con estos alumnos a trabajar. Era un experto del reciclaje. Todos los objetos antiguos que pillaba los llevaba al centro. Allí creaban cuadros, esculturas y utensilios varios a partir de dichos materiales. Lo que ya os decía, un genio.

Otras veces cogían pinturas y brochas y pintaban las paredes. En cierta ocasión, incluso, solicitó permiso para pintar las paredes de las aulas de diversos colores, pero no le dejaron. Se pintaron blancas. Sin más. Una pena.

Los chicos le respetaban de forma muy seria. No era temor, no era miedo, no era nada más que respeto. Él les hablaba en su lenguaje, les daba collejas cariñosas, nunca le vi dar más fuerte de lo que va más allá de una broma que estos chicos entendían perfectamente. Ya os digo que los entendía.

Recuerdo a dos hermanos, en primero y cuarto de ESO… de esos que prefieres no recordar… ¡qué barbaros! Para que os hagáis una idea, eran dos tipos que tenían ocurrencias tan abisales como la de tirar por los aires un botellín lleno de agua, con su tapón y todo, bien cerrada, en el pasillo… a ver si conseguían así romper algún tubo fluorescente (que en aquella época estaban sin protector alguno), mientras los demás cambiaban de aula entre una clase y otra.

Hace unos meses leí en la prensa que el barrio estaba en guerra. Literalmente. La policía había tenido que intervenir ya hasta en tres ocasiones por reyertas que iban más allá de lo establecido. Hablamos de disparos, violencia callejera, tal y como la podríamos entender en el cine. Pues el origen está en uno de estos hermanos. Estando ya casado, le puso los cuernos a su mujer con otra chica. Y eso se fue tergiversando tanto entre ellos que ha acabado en disputas callejeras armados hasta los dientes. Ni sé ya cuántas armas lleva requisadas la policía.

Pues Hedrig no tenía ningún problema con ninguno de los dos.

Bueno, sí los tenía, como todos nosotros, pero sabía sobrellevarlos de una forma extraordinaria.

Y ellos le respetaban.

En aquel curso en el que coincidimos, en primavera, hubo un robo en la sala de profesores. Fue curioso, porque la sala nunca estaba vacía. Siempre había alguien en ella, quizás porque, en el fondo, nadie se fiaba de que se pudiera colar algún alumno de estos. Según contó quien estaba en la sala, apenas estuvo fuera dos o tres minutos. Pues se ventilaron cinco bolsos de profesoras. Aparecieron todos en la puerta del centro. Muy bien puestos y muy bien desvalijados. Alumnos de Hedrig, seguro.

Lo cierto es que los alumnos de Hedrig eran también los míos en algunas horas de clase…, pero yo los podía tener uno o dos horas al día, mientras que él trabajaba con ellos unas cuatro o cinco horas diarias.

Su trabajo era increíble. Él era increíble.

La administración, vete tú a saber por qué oculta razón, decidió rescindir su contrato y ahorrarse su sueldo mensual para así poder sacar unas migajas que escarbar.

Volvió a su taller, al de verdad, al del artista. Una vez al mes venía por el centro. Una vez al trimestre... una vez al año... El tiempo pasó. Mucho. Y nunca volvió allí para trabajar, por más que se hizo todo lo posible para que la administración volviera a contar con sus ingeniosos y geniales servicios.

Hedrig vio claro desde el principio que él no iba a enfrentarse a los alumnos como razón de ser, sino que iba a trabajar con ellos y a sacar lo mejor de ellos siempre que las circunstancias se lo permitiesen. No era una pelea. No hubo batalla. Hubo roces diarios que entre ellos solucionaban a su manera. Y entre ellos se entendían a la perfección.

Y, por supuesto, todas las obras de arte que terminaban en el taller eran expuestas ante todo el centro de forma permanente, ya que se les buscaba un sitio para que todos pudieran observarlas. Si era un cuadro se colgaba en la pared de un pasillo, si era una escultura se le buscaba una esquinita, si era un baúl enorme y decorado, se colocaba a la entrada... o si era el nombre del instituto, realizado con tablas viejas de madera que se habían restaurado y barnizado y a las que se les había dado una forma determinada, pues se colgaban a la entrada del centro, para que todo aquel que pasara pudiera recrearse.

Al principio, allí estaban ellos... fardando de lo que habían hecho. Quedaba bien, quedaban bien ellos.

Lo que nadie sabía era la cantidad de insultos, malos pensamientos, posibles agresiones y hasta amenazas que había atenuado

Hedrig en su taller para que ahora pudiéramos gozar de estas pequeñas maravillas del reciclado esparcidas por todo el centro.

Hedrig era grande. Muy grande. En todos los sentidos.

Una pena que la administración prefiera no buscar la estabilidad emocional y laboral de sus ciudadanos.

Una pena que, en el fondo, la administración nos tenga a todos más que engañados con la cultura del estado del bienestar, cuando, en realidad, lo que persiguen (y eso lleva demostrando desde hace incontables años) es el bienestar del Estado, ya lo dije antes.

Hedrig era un claro ejemplo de preocupación por las miserias humanas. Él no vestía elegante, no era la persona a la que te apeteciera acercarte de buenas a primeras; trabajaba con basura que iba reciclando para crear nuevas obras de arte a partir de los deshechos; y, en el centro, mientras estuvo, trabajaba con los despojos humanos[8] que se hacían llamar con un nombre y de los que él conseguía sacar lo mejor de sí mismos, dentro de sus limitaciones.

Y así nos va.

Y así nos seguirá yendo.

No podemos esperar a que la administración haga los cambios pertinentes para poder atender a todas estas personas tan necesitadas, los cambios los debemos integrar nosotros en nuestro acontecer diario.

Hedrig lo hacía.

Yo lo he intentado durante años. Un largo recorrido aún por delante.

---

[8] Hago uso de esta expresión con todo el cariño y desde una perspectiva metafórica y literaria.

Cierto día de verano, charlando con nuestro amigo común, Emilio, descubrí tristemente tu pérdida humilde, Hedrig; sin avisar, sin aspavientos, sin tracas ni fiestas. Y entristecí más de lo que hubiese imaginado.

Allá donde estés, mi agradecimiento póstumo por haberte puesto la vida en mi camino.

Fuiste una luz de la que aprendí y aprendo.

Tú fuiste para mí la luz de un faro que guía el camino en la oscuridad.

Intuición y resiliencia

Los zorros del desierto de Sechura aúllan como demonios
cuando llega la noche. ¿Sabes por qué?
Para quebrar el silencio que los aterroriza.
La ciudad y los perros, MARIO VARGAS LLOSA

¿Qué haces cuando sabes que no te quieren en ninguna parte?

¿Qué haces cuando sabes que nadie importante para ti quiere nada contigo?

¿Qué haces cuando ni en tu casa te dirigen la palabra durante días?

¿Qué haces cuando sientes que no significas nada para casi nadie?

¿Qué haces cuando sientes que tu vida no tiene sentido y te gustaría que todo terminase pronto?

¿Qué haces cuando tu padre está perdido desde hace años y tu madre se enfada a diario contigo?

¿Qué haces cuando en el instituto la gente está harta de ti y se ríen contigo, pero en realidad ni les vas ni les vienes?

¿Qué haces cuando sientes que el mundo gira de tal manera y a tanta velocidad que ya hace tiempo que te desprendiste de la rutina emocional de aquellos que te rodean y que te deberían haber expresado más amorosamente todo su cariño?

Estás más sola que la una y solo te llevas bien con tu hermana que, por cierto, se va de casa.

Tu padre te abandonó (a ti, a tu hermana y a tu madre); tu madre se ha echado un novio al que quiere infinitamente más que a ti, a pesar de ser un sinvergüenza de tomo y lomo que no puede ni entrar en el barrio; tu tutora del instituto te hace la vida imposible; tus amigas se cansan de tu mal genio y tu novio cree que eres insoportable en algunos momentos.

Y ahí estás tú, que diría La Mari, la cantante… y ahí estás tú…

Mati era una persona risueña, extremadamente delgada, con ganas de comerse el mundo, con un fuerte carácter, de esos que llaman la atención en una niña así. Un carácter de esos que no se dejan pisar tan fácilmente, de esos que antes de que ocurra algo malo ya está desbocado por si acaso. Un carácter que hace intuir algún tipo de abandono que la ha guiado por unas calles imaginarias que niñas de su edad no deberían frecuentar. Un carácter de esos que frecuentan lugares empáticos poco frecuentes. Un carácter fresco, risueño… muy adolescente, mezclado con tintes de agresividad y reacción. Vamos, algo así como juntar en un mismo frasco nitrógeno y glicerina con un poco de ácido sulfúrico… Un frasco muy frágil y fácil de explotar… Así era Mati.

La conocí en un primero de ESO donde estaba rodeada de una serie de compañeros inestables como ella, compañeros con los que no se convivía, sino que se sobrevivía. Cada cual, con sus diferentes situaciones, sin embargo, ella era (y es) especial. Su inestabilidad era muy diferente.

Su clase era realmente insoportable. Allí no se podía hacer casi nada, ni de forma respetuosa ni de forma dictatorial ni dialogante. Aquello era un ente con vida propia que se movía a sus anchas por donde quería. Era una situación insostenible, la verdad. Si hubiésemos podido trabajar con ellos en grupos de diez o doce en lugar de con veintinueve o treinta, otro gallo habría cantado para cada uno de ellos.

Tras terminar segundo, Mati y unos quince compañeros pasaron a tercero. Otros diez se fueron a hacer cursos para desahuciados, esos en los que pocos realmente aprovechaban el tiempo, ya que el problema no era el de darles unas clases específicas, sino que era algo mucho más profundo que requeriría otra visión de la vida; y unos cinco se fueron, sin más.

Mati en tercero tuvo a una tutora que, inexplicablemente, parecía no conectar con ella. Y no solo eso, sino que desconectó de forma radical. Lo que Mati definía como «me tiene manía». Y la verdad que había momentos en los que realmente parecía que le tenía manía. Siempre se estaba quejando de ella y era la que más le amonestaba. Normalmente, el tutor o tutora (salvo casos obligatoriamente estrepitosos) es el que tiende a proteger a sus tutorandos, no al revés.

A Mati en ese curso la llegaron a expulsar en diversas ocasiones. Lo que no le había sucedido ningún otro año. Algo misterioso. Se ve que sus respuestas nunca gustaban a su tutora y a veces se enfrascaban en discusiones en las que acababa perdiendo Mati, sin importar quién tuviera razón o de dónde pudiera surgir toda esa rabia (y hablo de la rabia de las dos). Y es curioso, porque su tutora era una persona excelente, cariñosa, dulce…, pero debía tener, quizás, algún síndrome Mr. Hyde, porque era entrar en clase y se transformaba con algunos de sus alumnos, tampoco con todos. Era demasiado dura y exigente. Si caías en su lista negra, estabas perdido. También era un mal año.

Para colmo, volviendo a Mati, tenía una situación vital más que compleja. Su acceso por el carril de aceleración a la vida había sido más que tortuoso. Un padre con el que solo se hablaba muy de vez en cuando y con el resultado de acabar insultándose mutuamente; una hermana con la que se llevaba bien, pero que era unos ocho años mayor y, por tanto, se estaba planteando la idea de marcharse de casa para vivir con el novio; y una madre enamorada de un presunto trápala de mucho cuidado con el que Mati se llevaba a matar. Era un hombre, al parecer, con muy mala sombra, que se suele decir. Era un hombre de estos que no trabajaba ni buscaba, que se levantaba sobre las once o las doce de la mañana, que ya casi no venía al barrio a casa de Mati porque debía tanto dinero y a tanta gente diferente que si iba por allí tal vez lo majaran a palos. Conclusión para Mati: «Qué bien que el mierda del novio de mi madre ya no vive en casa y tampoco viene, ahora es ella la que va a buscarlo».

Sin embargo, esto generaba muchos problemas. El principal: Mati estaba perdida en todas las facetas en las que podía estar perdida y, tal vez, alguna más que no sepamos. Los problemas con su madre eran diarios, hasta tal punto que, en ciertas ocasiones, su madre se enfadaba con ella tanto que, aun conviviendo en la misma casa, no le hablaba durante días. Se cruzaban por el pasillo y ni una sola palabra se decían; le preparaba el almuerzo o le hacía un bocadillo para el instituto, pero no le dirigía la palabra. Y ella, que conmigo tenía mucha confianza, se me echaba a llorar diciéndome que por qué le hacía eso, que ella quería un padre y una madre normal, y no esta mierda. «¿Dónde has visto una madre que ignore así a su hija viviendo las dos juntas? ¿Dónde?», me decía en muchas ocasiones. Y tenía parte de razón. A veces, incluso, añadía: «Llévame a tu casa, te juro que me porto bien. Tú eres la única persona en este mundo que me quiere y me aprecia y me trata con cariño, eso es lo único que yo quiero». Esas palabras duelen. Y duelen porque te las clavan en el corazón como si fueras una res a la que están marcando con un hierro incandescente. Duelen mucho.

¿Cómo reaccionar ante los gritos de desesperación de una persona de quince años que está implorando algo de atención, cariño y respeto y que se siente incapaz de poder administrar sus emociones porque ni siquiera sabe cuál es el alcance de las mismas?

¿Cómo se puede obrar ante el grito desgarrado de una persona que solo querría haber tenido algo más de suerte con sus padres?

¿Cómo se entiende que una personita, frágil, de unos quince años, tenga que arrastrarse de esta manera: tan joven, tan inexplicable o tan desesperada como una canción de Neruda?

Ciertamente, no hay derecho. No hay explicación.

Ni solución.

Uno tampoco se lleva a estas personas a su casa, así como así, en un mundo como este. Ni puede.

En definitiva, y volviendo a Mati, ¿qué haces cuando las gafas que te mandó el oculista te las pones y ves todo de color marrón? Porque así ves la vida, como una auténtica porquería. Así la vives tú. Así la sientes tú. Y te quitas las gafas y entonces es peor, porque sigues viéndolo todo de marrón, salvo que ahora, sin gafas, el color se atenúa y como que se asemeja más a un grisáceo ceniciento en el que no puedes vivir tras las convulsiones que te provoca el malestar al que acabas de llegar tras un duro viaje por el sumidero de la basura emocional en la que te bañas y sumerges a diario. Ese marrón ceniciento en el que ojalá hubiera al menos dos hermanastras psicópatas que te maltraten y condicionen para el resto de tu vida.

Leí en Facebook una frase de la que nunca encontré su autor que dice: «Te voy a ignorar tanto que dudarás de tu existencia». Cuando ese sentimiento se apodera de ti a los catorce años en todo su apogeo tras cargarlo desde los siete u ocho encima de tus hombros… entonces se hace palpable que la ignorancia, el no saber y la inutilidad humana se apoderaron de ti para cuidarte en su regazo más putrefacto como si malvadas hadas madrinas hubiesen querido negar tu existencia.

Sea como fuere, terminó el año de tercero de ESO. Un año largo, difícil y más que duro. Con muy diversas expulsiones, muchas de las cuales, habían sido motivadas por su propia tutora, que no es más que la persona que debe velar por ti (en lugar de tu madre o tu padre) en el instituto. Sin embargo, la mala suerte hizo posible que la relación con su tutora fuera una copia parcial de la que tenía con su madre. Otro desatino más.

La orientaron y le explicaron sus opciones para el curso siguiente. Y algo falló en la cadena de información, porque se fue a estudiar un curso de desahuciados de esos a otro centro, y cuando llevaba apenas cuatro o cinco semanas se enteró de que ese curso no le servía para llevarse el graduado. Era solo un curso formativo, nada más. Así que volvió al centro para intentar que la dejaran matricularse y repetir el curso (ahora que había otra tutora), pero no había plazas, por primera vez en años no había plazas en ese curso. Ella insistió en que le explicaron que sí se podía llevar el graduado con ese curso, pero la tutora le dijo que no, que ella se lo dejó bien clarito. Y, honestamente, cualquiera de las dos posturas me las creería yo a pies juntillas: se lo pudieron explicar mal, lo pudo entender mal, aunque más me parece que Mati no lo entendió, porque este tipo de información sí que solemos darla bien clarita.

Es entonces cuando la sensación de abandono general, de rechazo y perdición, la sensación de que no sirvo para nada y nadie me quiere a su lado; esa sensación de estar perdida en medio de una inmensa negritud en la que no se vislumbra ni un ápice de luz; esa sensación de me quiero morir, aunque en realidad no quiero… todo se apodera de ti y te encierra en tu casa. Como un señor de cuarenta y cinco años que acaba de quedarse en el paro y no hay forma de que encuentre trabajo. Igual. En un curso sobre las Bienaventuranzas, el ponente, Adolfo, decía que lo peor del paro no era no tener trabajo (que también, evidentemente), sino el complejo de inutilidad social que se les queda a las personas que creen no servir para nada en esta vida. Y es cierto. Es mentira que no sirvamos para nada, pero sí son ciertas esas sensaciones, esos sentimientos… Y como no tenemos herramientas para canalizar esas emociones porque nunca nos las enseñaron, pues acabamos como desechos humanos sobre un sofá que hemos estercolado con nuestro tiempo, un tiempo que alimenta un sinfín de podredumbre que nos arrastra al más infinito de nuestros castigos.

Y así vivía Mati. Dieciséis añitos ya cumplidos.

Cada dos o tres meses quedábamos, nos veíamos, la invitaba a desayunar o a un zumo, charlábamos, la orientaba, le decía palabras bonitas y cuántas y cuáles eran sus virtudes y maravillas, aunque ella no se creyera la mitad, ni nadie cercano se las dijera. Le brillaban los ojos por la humedad que se creaba, sonreía y hasta lloraba cuando las escuchaba… a veces como quien oye llover, a veces como hiena hambrienta que lleva ayunando semanas…

Sin embargo, toda esta situación había llegado a un punto tal… que era ella la que tenía que dar su siguiente paso. Ya nadie podía hacer nada más por ella salvo ella misma. Ella tenía el poder y la desgracia de salir adelante o no. Aunque no sería fácil. Nada fácil.

Y lo dio. En casa se puso a navegar por internet, a leer, a estudiar, a investigar... y al cumplir los dieciocho se apuntó a la ESA[9] y se sacó su graduado.

A veces nuestro camino es tan fácil que no llegamos siquiera a vislumbrar las acrobacias que otros tienen que realizar para llegar al lugar al que creen que deben habitar en paz. A veces nuestra sola presencia es una ofensa porque ellos se dejaron la piel para lograr lo que nosotros conseguimos de un golpe certero en una esponjosa nube.

En ocasiones lo tenemos tan fácil que ni nos damos cuenta de que cualquier protesta es un insulto al universo. Sin embargo, también es cierto que, dentro de nuestra suerte, la perspectiva nos hace rebelarnos ante determinadas situaciones que nos acaecen sin contemplaciones y que nos desbordan.

A veces la vida no nos ha sonreído tanto como la gente se piensa. Todo es fruto de mucho trabajo, de mucha responsabilidad, de hundimientos memorables y de llantos escondidos cuyas lágrimas nunca nadie llegó a recoger. La miseria flota a nuestro alrededor en formas inimaginables. El ave fénix rebautizado como resiliencia, ese concepto ahora tan de moda que evoca a ese ser mitológico. La resiliencia no es más que la capacidad de los seres humanos para sobreponerse a las adversidades y superar contrariedades y períodos de dolor emocional e, incluso, salir más reforzado de todo aquello que cuando se entró en semejante espiral helicoidal de desdichas.

---

9   Educación Secundaria para Adultos.

Ríos anegados de podredumbre nos rodean sin que muchas veces los percibamos ni en sueños. Y esas son las experiencias que agradezco desde el fondo de mi corazón. Esas son las historias de las que he ido aprendiendo y que me han ayudado a ubicarme donde estoy ahora, valorando lo que, a mi parecer, es importante y en un contexto maravilloso y pleno, rodeado de cosas que quiero y de experiencias que intuyo como muy valiosas. Y, a pesar de eso, sufro a diario. Sufro por relatos como el de Mati (o cualquier otra). Sufro por un mundo decadente que en sí mismo no es capaz de vislumbrar un atisbo de esperanza, aunque lo haya. Un mundo anclado en culpas rastreras que busca el equilibrio injusto entre dos potencias irreconciliables. Un mundo que aspira a encontrar un contrapeso de fuerzas en lugar de simplemente ir, dejarse ir o llevar, caminar hacia adelante y buscar soluciones más que infractores.

A veces todo es mucho más simple, pero hay ocasiones en que no estamos capacitados ni educados para verlo.

Mati se sobrepuso a sus males. Mati se estrelló, pereció en su incendio vital y fue capaz de resucitar y salir elegante en un nuevo vuelo que la llevaría a lo más alto, seguro que sí. Esa es mi esperanza al menos.

Mati supo respirar un aire nuevo sin quemazones. Supo salir adelante sin saber nunca qué significaba la palabra resiliencia o, incluso, que existía el vocablo. Pero su intuición la hizo navegar por mares tempestuosos de los que saldría con fuerza y bien arraigada a ella misma. Llegarán temporales que pretenderán destrozarla, y probablemente lo pasará mal. Sin embargo, la fuerza que posee en su interior la hará brillar con tal magnitud que deslumbrará todo a su paso, cegando a cualquier impedimento que pretenda achantarla.

Mati tenía coraje de sobra.

El valor de un abrazo

Si supiera que esta fuera la última vez
que te vea salir por la puerta, te daría un abrazo,
un beso y te llamaría de nuevo para darte más.
GABRIEL GARCÍA MÁRQUEZ

El sistema educativo se tendría que construir
pensando en el desarrollo de los niños.
RICHARD GERVER

Habían pasado ya muchos años; yo cambiaba de centro, iba a uno u otro, pero siempre elegía centros con alumnos dificultosos, conflictivos o, como se solía decir, de deprivación sociocultural, o sea, de los que se encontraban en una situación bastante amarga. Sin embargo, volví a mi centro, al centro en el que pasé tantos años y del que aprendí tanto y del que posteriormente me fui echando las pestes que pude y marcando toda la distancia que las amistades me dejaban marcar.

Me dirigí muy cansado hacia una clase en la que, la verdad, no me apetecía nada entrar ese día. Es que era una clase llena de alumnos extraños en la que debía tener mucha concentración y mucha paciencia… o un buen boli para poner un montón de amonestaciones a los chicos y a las chicas de clase. Y ese día había dormido regular. La tormenta me había despertado en diversas ocasiones; los truenos relampagueantes del infinito parecían entrar hasta mi cama con toda la malevolencia posible para sacarme de entre mis esponjosos sueños.

En esta época de mi vida, me encontraba felizmente casado y tenía tres hijos maravillosos que habíamos criado con todo el cariño, el amor y el respeto del mundo. Tenían por aquel entonces, si no recuerdo mal, diez, siete y cinco años respectivamente.

Una de las veces que tronó ferozmente por la noche, me llamó uno de mis hijos, el mayor, pobre, que era el más impresionable por este tipo de fenómenos meteorológicos; a los otros dos les daba igual. También se había despertado, no porque estuviera asustado, más bien diría inquieto. Pero se durmió en apenas un par de minutos mientras le masajeaba cariñosamente la cabeza, entrelazando mis dedos en sus cabellos.

Sea como fuere, lo cierto es que no tenía ganas de aguantar a personas como el Langui, Alonso o, con perdón, «el puto amo», que así se hacía llamar él entre sus compañeros. Aunque quisiera que los profesores lo llamáramos también así, la verdad es que, hasta donde yo llego, nadie lo hizo. Sí, habéis leído bien. Era un chico extremadamente delgado, famélico y quijotesco que se pavoneaba por todo el centro diciendo que él era «el puto amo». Hasta aquí, todo medio normal, por decirlo de alguna manera, sin embargo, hay más. Como cualquier hidalgo caballeresco, le acompañaba siempre su fiel escudero: otro chico, más bajo y regordete, como si de un Sancho se tratase, que le seguía constantemente a todas partes y que le reverenciaba e idolatraba por doquier. A lo mejor estaban en el patio y «el puto amo» le decía a su escudero:

—¿Quién soy yo?

—El puto amo, el puto amo —decía el regordete mientras se echaba a sus pies y le hacía reverencias exageradas delante de todo el mundo.

Y eso era así en cualquier sitio. Eran buenos amigos, aunque daba la sensación de que mi quijotesco alumno dominaba claramente a su vasallo: su mente, su intención y su acción. La verdad, a mí, personalmente, me chirriaba bastante, me resultaba denigrante. En más de una ocasión hablé con «el escudero», pero no logré nada. Estaba, o bien tan metido en su papel, o bien tan tarado, que no veía nada más que aquello que hacía y la relación que mantenía. Y seguía igual, por todo el instituto se pasaba al lado de él y, en ocasiones, se echaba de rodillas al suelo y le reverenciaba como si de un sacrificio divino se tratase. La verdad, incomprensible. Pero como era su forma de interpretar la situación y de relacionarse con el mundo que le rodeaba, pues, ya está. Ya más no podía hacer yo.

Otro alumno que tenía en esa clase era un objetor. Sí, lo sé, esto no tiene nada que ver con la mili (cuando había mili, que antes la había y era obligatoria, un rollo, vaya). Si se gastase todo el dinero militar del mundo en sanidad y educación otro gallo nos cantaría, seguro.

La mili luego se podía esquivar si cumplías algunos requisitos. Nos permitieron no hacerla debido a la objeción (porque la insumisión no estaba permitida, se perseguía y encarcelaba a los insumisos). Yo fui objetor de conciencia. Solo la idea de tener un arma encima o aprender a usarla me daba y me da aún pavor. Me pasé nueve meses de conserje en un colegio: haciendo fotocopias, abriendo y cerrando puertas… ahí descubrí, de verdad, cuánta cara tienen algunos profesores. Me pasaba horas fotocopiando libros enteros: de recetas, de lectura, un manual para un hijo… Folios y folios, horas de electricidad, mi tiempo y otros recursos destinados a fines privados. Lo más curioso es que la fotocopiadora estaba justo delante de la puerta del despacho del director. Y allí andaba yo, con más miedo que otra cosa, haciendo copias sin cesar. Recuerdo ahora que, años después, una compañera me contaba su experiencia de intercambio en una escuela de un país nórdico. Decía que cada profesor tenía en su aula un ordenador, una impresora, una fotocopiadora y una plastificadora. Además, había dos profesores en clase. Sería ideal si aquí en España pudiéramos gozar de tales recursos. Mientras lo decía, yo ya veía los libros de la Thermomix fotocopiados dentro de las aulas con dos maestros (uno realizando la fechoría y otro vigilando: a los niños y al resto del personal) y hasta veía las recetas plastificadas, para que no se mancharan ni estropearan al cocinar.

Al final, las experiencias vividas son las que nos muestran el camino y las que condicionan nuestra perspectiva. Realmente serían recursos valiosísimos y muy útiles, pero, honestamente, conociendo al personal (aunque haya gente fantástica, que la hay) creo que no es un modelo exportable a nuestro país.

En fin, que había en clase un objetor y, por tanto, objetaba.

Cuando entré el primer día en esa clase, se me acercó muy educadamente y, con mucho respeto, muchísimo, se puso a hablar conmigo:

—Buenos días, señor profesor. Mi nombre es Carlos. Yo estoy aquí porque la ley me obliga a estar, pero, como estoy en contra de esa ley, me declaro objetor de la misma. Con esto, lo que quiero decir es que yo vendré a sus clases, pero usted no me hará caso, no me pedirá tareas ni me dará materiales ni nada que entre en su metodología. Yo, a cambio, no le voy a molestar lo más mínimo. Mi comportamiento es excelente y respetuoso con todo el mundo. No tendrá que preocuparse por mí en ningún sentido. Yo traeré mis libros y mis materiales, no haré ruidos y haré lo que considere oportuno para mí, dentro del marco de respeto en el que ya le he dicho que me muevo. Mis padres están al corriente de esta situación y me apoyan, aunque creo que no les hace mucha gracia, pero la respetan.

La verdad que me quedé sorprendido por dos motivos: uno por el hecho de que hubiera gente que hiciera eso con plena consciencia; el otro, porque hablando conmigo mostraba una madurez que hasta yo quería para mí mismo en aquella época.

Por supuesto, me pareció bien. Era sumiso y servil, pero solo a medias, con la otra mitad dejaba muy clara su protesta contra la normativa vigente. Lo cual, y en aquellos años, me parecía muy valiente por su parte. Creo que incluso la envidia rondaba por mi cabeza. ¡Poder plantarle cara a todo y tan feliz! Me parecía una genialidad. El sistema nos devora sutilmente a lo largo de los años hasta que llega un punto en el que o rompes con todo o te terminas de dejar llevar por una corriente en la que no pediste entrar, pero de la que ni quieres ni sabes salir. Este muchacho supo salir de ese torrente que engulle a su paso todo lo que puede, supo dejar un pie fuera del engranaje educativo y supo parar el mundo para apearse a pesar de todas las críticas que le llovían indiscutiblemente a lo largo de su día a día. Estoy seguro de que llegaría muy lejos, porque una persona con esa personalidad tan bien fijada a los arraigos de su ser más esencial no podía perderse en el sinsentido de una Matrix poderosa. Querer frenar el mal endémico producido por la educación mal concebida era un síntoma de salubridad incalculable y poco frecuente.

Un martes lluvioso, en esa clase, hubo demasiado desfase entre ellos. Se insultaron, se gritaron… En fin, hubo jaleo. Al día siguiente les dije que íbamos al patio. Y allí les propuse echar un partido de baloncesto entre todos, formando dos equipos, pero había que cumplir varias reglas: por supuesto, nada de violencia ni insultos ni elementos parecidos y el balón había que pedirlo siempre diciendo por favor y al recibirlo había que dar las gracias. Aquello fue un cachondeo. Lo pasamos bomba. Fueron cuarenta minutos en los que solo se oía: «por favor», «Jonathan, pásamela», o «gracias, Luis». Algunos de mis compañeros me preguntaron luego muy extrañados que qué había hecho con ellos. La verdad, fue una gran experiencia y durante días se pasaron pidiendo determinados servicios por favor o dando las gracias por lo recibido. A los dos o tres días fuimos por diversos despachos, saludando a los profesores, conserjes, directiva… educadamente, pidiendo por favor, con una sonrisa. Chocaban las manos a veces, alguno daba abrazos. En fin, muy divertido. Lástima que aquello no pudiera tener un trabajo continuado en su mundo hostil.

El caso es que terminé de recodar la esquina del pasillo, me encaminé hacia la escalera que subía al primer piso y me dirigí a aquella clase, la del Langui y tantos otros personajes. Abrí la puerta entre un gran jaleo y bullicio. Venían del recreo, eso implicaba que estaban sudados, apestaban y se encontraban francamente alterados. Dicho con ironía: un estado ideal para entrar a clase con ellos y tratar de trabajar algo.

Entré, solté mis libros sobre la mesa, casi desparramándolos, y me senté en la silla o, más bien, me dejé caer en ella, algo que no solía suceder casi nunca. El Langui, casualmente, se percató de ello y empezó a decírselo a los demás, con la delicadeza que le caracterizaba: a gritos chabacanos del tipo: «¡Qué os calléis ya, coño!». Esos gritos se repetían sin cesar hasta que poco a poco se fueron apagando las voces dentro del aula y me miraban como extrañados.

—Gracias —les dije con voz cansada—. La verdad es que hoy me encuentro muy cansado y no tengo ganas de hacer mucho, para qué os voy a mentir.

—¡Déjanos los ordenadores, déjanos ir al patio, danos un balón…! —decían entre todos, a gritos y montando un jaleo tremendo.

—Por favor, si empezáis a hablar todos a la vez, me volvéis loco. Os pediría que no la liarais tanto.

—¡Que os calléis! —dijo, de nuevo, con su delicadeza habitual, el Langui.

Aquel día no dimos una clase formal. Claro que no.

El Langui era un personaje extraño. Falto de cariño y afecto y más duro que Bruce Willis en *La jungla de cristal*[10]. Guapo, volvía a las niñas locas y las alteraba. Y como no hacía nada en clase, salvo pasear, charlar, encender mecheros, tirar papeles o hacer confeti o simular con la tiza que estaba esnifando droga, o asomarse por la ventana para gritarle a alguien que pasaba por abajo, o irse sin permiso o llegar tarde apestando a tabaco o cualquier sustancia que se os pueda ocurrir…, pues era imposible dar una clase en el aula en la que él se encontrara. La verdad, era un tostón. Durante año y medio tuve una paciencia infinita con él, pero llegó un punto en el que se resentían los demás de forma inconmensurable, y eso tampoco podía permitirlo.

---

[10] Película de acción. Mucha. Y cuyo protagonista interpreta un personaje muy, muy duro y resistente.

La administración debería dejarnos trabajar de otra forma con estas personas tan necesitadas, sé que me repito, pero nos deberían dejar sacarlos más a menudo de sus aulas de referencia y dedicarles el tiempo desde otra perspectiva, para poder enfocar un trabajo diferente con ellos. Es una lástima, pero no es tan fácil poder hacer algo así. Cierto es que a lo mejor aprendían pocas mates o poca lengua o nada de biología, pero, de todas formas, tampoco las aprendían (y los de al lado, a duras penas). Experiencias como las de Hegrid ayudaban a paliar este tipo de situaciones, pero como la administración decidió quitarlas de un plumazo, aunque de forma ligera y sutil, pues nunca se pudo seguir trabajando con ellos de otra forma más adecuada a sus necesidades y capacidades.

El Langui no tenía nada que hacer en la clase. Era un desahuciado académico. Y siento decirlo así, tan bruscamente, pero es que era así, sin más. Apenas sabía hacer ya nada que no fuera escuchar o mal escribir canciones muy malas de hiphop. Nunca le pedí que hiciera trabajos como los demás, era más fácil que me tocara el Euromillones al que jugábamos muchos para ver si podíamos dejar de trabajar (aunque, honestamente, yo no tenía claro el dejar de trabajar, aunque sí un «pellizquito», como dice la gente, para algunas cositas o viajes). Sin embargo, en nuestro primer año juntos en clase, en el segundo trimestre, cuando ya vi cómo era y cómo funcionaba, se me ocurrió plantearle una tarea. Me miró con cara de póker, una mirada que dejaba entrever palabras como «lo va a hacer tu madre», aunque, realmente, no lo decía. Intentó interrumpirme cuando empecé a decírselo, pero yo le impedí que me interrumpiera y seguí contándole la propuesta:

—Langui, escúchame, quiero mandarte una tarea. Si me escribes de aquí al final de trimestre tres canciones que sean tuyas te apruebo. No copiadas, quiero que sean tuyas, originales, de creación propia. Te podría pedir más, porque solo tres para un trimestre me parece poca tarea, pero lo que quiero es que lo intentes y lo hagas lo mejor posible. Yo no entiendo de hiphop, no te voy a decir si están bien o mal, tú eso lo puedes valorar mejor que yo. Solo te pido que las escribas y luego ya vemos qué nota te podemos poner que sea de un cinco a un diez.

Sus ojos brillaban, esta vez con un mensaje de «ostras, puedo aprobar una». Hasta sonrió. Y no es que no lo hiciera normalmente, qué va, todo lo contrario, era muy sonriente, de hecho, su sonrisa era un arma temible: cándida, dulce y bonita; pero cuando se le mandaba algún trabajo, esa sonrisa desaparecía de la faz de su cara. Así que, sí, puedo decir que fue un pequeño logro. Se emocionó, se ilusionó, se motivó… y le duro apenas dos días. Nunca las hizo. Me las cantaba en clase, me escribía otras de gente famosa, pero nunca quiso escribir las suyas. Se le ocurrían, decía él, pero no le daba la gana de pasarlas al papel, a ningún papel.

Hay un día de clase con él que me resulta difícil de olvidar. Y es que hay momentos en los que algo se te agarra tanto en tu ser y en tu memoria que es realmente difícil de olvidar, aunque quisieras hacerlo.

Mi abuelo me contaba muchas historias, de todo. Mi abuelo era un sabio y un cachondo juguetón; como él solía decir: era «un niño de noventa años». Ya de mayor, de muy mayor, apenas un par de años antes de morirse, me contó una historia que nunca me había contado. Y según sé, creo que se la había contado a muy pocas personas: en la guerra le tocó estar presente en un fusilamiento. Él no disparaba ni recibía disparo, pero le había tocado ser de esos soldados que están allí arropando a los demás, mirando, vigilando… y siendo memoria eterna de algo que no debía haber sucedido nunca. Me lo contaba con una tristeza amarga que le ahogaba en la faringe. Y, casi llorando, me decía: «Y por más que lo intento nunca consigo borrar aquella imagen de mi cabeza. Todos los días, todos los días. Lo intento y ahí sigue. Me persigue y me golpea como si yo fuera a recibir esas balas». De las pocas veces que vi llorar a mi abuelo. Y no quiero comparar yo el asesinato de una persona con mi historia, porque no son comparables, pero el hecho es que cuando algo se te graba de forma indeleble en la memoria acaba siendo tal cual: indeleble. Y en mi caso, me da para un libro y para haber ido mejorando y aprendiendo, pero en el caso de mi abuelo, no daba para eso, daba para ser el guardián de una memoria infinita en una época oscura. Mi abuelo: el supersticioso que nació el día de los difuntos del año 13. En fin, dejemos estas historias de la guerra de mi abuelo y volvamos a las aulas.

Hablando en clase con los chavales de temas diversos, salió el del abrazo. Era una mañana triste de otoño en la que se me ocurrió que, quizás, antes de empezar la clase podríamos expresar cómo nos sentíamos. Para ayudar, les di una lista con un montón de posibles estados y sentimientos: cansado, alegre, soñoliento, enfadado… y como veinte más. Alguien dijo que estaba enfadada por algo que le había pasado, aunque no era nada relacionado con alguien de esta misma clase. Le preguntamos que si para ese enfado necesitaba algo. Pero ella no terminaba de entender bien. Claramente le dije que, si necesitaba, por ejemplo, hablar del tema y desahogarse, o que le diéramos un abrazo o yo qué sé. Entre risas nerviosas preguntó que cómo que un abrazo. Y así fue como estuvimos hablando entre todos de la importancia o no de un abrazo. Paulatinamente, aquellos, que querían participar, fueron expresando lo que suponía un abrazo. Incluso algunos decían primero que eso era una tontería y luego cambiaban de opinión.

Incluso, recuerdo haberles citado a Antonio Gala con su poema «Condena» y a la que luego puso música Antonio Vega. Esa frase que dice: «que ningún juez declare mi inocencia, porque, en este proceso a largo plazo, buscaré solamente la sentencia a cadena perpetua de tu abrazo».

Citarles escritores y literatura en la que aparecen términos como jueces, sentencias o cadenas perpetuas hace que algunos presten más atención de la normal, aunque mi intención era que atendieran por el abrazo, de lo demás, ya tenían de sobra.

Fue ese el día en el que el Langui se levantó y dijo en voz muy elevada (como solía hacer):

—*Pos* a mí no *man dao* un abrazo en la *vía* y mira tú qué bien que estoy[11].

—Sí, no hay más que verte —se oyó una fina voz de chica al fondo de la clase.

En ese instante, el Langui pareció morir. Ese momento que dicen algunos en los que toda tu vida se te aparece justo antes de morirte... pues algo así. Su cara, normalmente risueña, se resolvió en una suerte de espejismo en la que se hundía poco a poco la tristeza. Se agachó y no dijo nada.

Su compañera le había dado una estocada mortal. Y allí lo dejó.

---

[11] Pues a mí no me han dado un abrazo en la vida y mira tú qué bien que estoy.

Seguimos hablando de abrazos, en alguna ocasión me refería a él, por si conseguía captar su atención. Pero nada. Dejó de hablar ese día y no participó con nada más. Y eso sí que era raro.

Al día siguiente parecía no haber sucedido nada de lo del día anterior. Estaba como siempre. Sonrisa brillante, la guapura subida, sin parar de llamar la atención de diversas formas... Durante varios meses le intenté convencer para que se dejara abrazar en la clase, pero no hubo forma. Y eso que hubiese estado dispuesto a hacerlo solo por rozarse con algunas compañeras, pero no, en el fondo, le podía más su falsa esencia que su auténtica realidad.

En una ocasión lo hice. Puse un cartel para ir contando las veces que un alumno recibía abrazos de sus compañeros. Ellos creían que valía para la nota, sin embargo, yo sabía que valía para mucho más. Aquello fue una lección que seguro que no olvidarán muchos de ellos con el paso del tiempo: el profesor que nos hacía sesiones de abrazoterapia para cactus humanos.

Edward Paul Abbey decía: «creo solo en lo que puedo tocar, besar o darle un abrazo, el resto es solamente humo». Y algo de esto se llevaron los chicos aquel año.

Nunca me escribió las canciones que le pedí. Ni siquiera para septiembre. No le iba a hacer exámenes de ningún tipo, quería que creara algo en lo que él creía y que a él le apasionaba. Pero no lo logré.

Al año siguiente le volvía a dar clase, pero ya estaba como Chenoa... cuando sus compañeros iban, él ya había vuelto un par de veces o más. Aquel año fue insufrible, honestamente, lo tengo que decir. No dejaba trabajar a nadie, fumaba porros a escondidas y venía, ya a primera hora, con los ojos rojos, rojos, rojos. Estaba bajo vigilancia de la fiscalía de menores, lo habían detenido por algún robo… Las expulsiones le llovían como las tardes otoñales en Escocia. En una ocasión, se planteó la opción de expulsarlo del centro de forma definitiva y que le dieran plaza en otro. Se le habían dado ya diversas oportunidades. Un día perdió los nervios, alguien le dijo algo que no debió de gustarle y le partió la boca, casi literalmente.

Y se le expulsó del centro, para siempre.

La alegría del reencuentro, la tristeza de la separación

No hay maldad tan mala
como la que nace de la semilla del bien.
BALDASSARE CASTIGLIONE

Tuve una infancia muy buena hasta los nueve años,
luego un clásico caso de divorcio me afectó bastante.
KURT COBAIN

Tomó años darme cuenta de que el divorcio de mis padres no
había sido culpa mía.
KURT COBAIN

La vida en un centro educativo, en muy diversas ocasiones, y por muy distintas razones, deja bastante que desear, igual que otras veces se te quedan en la retina momentos memorables que disfrutas y quisieras no olvidar. Como en todo en este mundo.

La vida en tu centro te la puedes tomar de varias formas posibles: puedes ir, hacer tu trabajo y, al final, te largas, sin más; puedes ir, hacer como que haces tu trabajo, aunque en realidad, no has hecho lo que debieras y, al final, te largas, sin más; puedes ir, hacer tu trabajo y, además, involucrarte en la vida del centro, en sus actividades, en sus quehaceres, ayudando, prestando tu tiempo y, al final, te largas, sin más y sin menos; puedes ir, hacer todo lo escrito inmediatamente antes y, además, involucrarte también en la vida de tus alumnos, interesarte, preguntar, preguntarles, hablar con ellos, escucharles, sonreírles, abrazarles, alentarlos y dejarles volar aunque se estrellen.

Si llegas a la última fase descrita es cuando descubres toda la miseria y la alegría humana condensada en pequeños frascos de frescura descarriada. Llegas a ese margen en el que todo se desliza por caminos curvilíneos de despertares no descritos en libros de ningún tipo. Es entonces, y solo entonces, cuando descubres a la persona que hay detrás de determinados actos que pueden o no llevarlos a ciertas actitudes.

Es entonces cuando conectas, conectáis, y ven en ti a alguien que puede ayudarles a salir del barrizal en el que entraron hace ya algún tiempo. También hay ocasiones en que ni se dan cuenta de que estás ahí. Simplemente indagas, preguntas, observas y dejas que el curso del río siga su camino hacia donde tenga que llegar, erosionando a su paso determinadas circunstancias de su vida.

Había en mi centro una chica fantástica. Buen nivel académico, buen comportamiento, cariñosa, colaboradora… y una serie de alegrías más. Sin embargo, desprendía un halo de tristeza que impregnaba las paredes a su paso como humedales de arroz. Algo había en ella que no brillaba y no dejaba brillar. Un quiste emocional desconocido crecía en su interior, perfumado de lavanda, eso sí, para solo dejar entrever la ponzoña vital que chorreaba en su desplazamiento como la estela de un caracol. Durante todo un año nunca supimos qué pasaba, qué podía ser aquello que la dejaba translúcida a su paso por entre los compañeros.

Pasó un año entero. Terminó el curso y empezaba otro diferente.

Algo había cambiado. Su tez era más lustrosa y su mirada irradiaba un brillo inusual que desconcertaba. Solo nos llevó un día averiguar que su hermana se había matriculado en el centro.

Y, claro, la pregunta quedaba directamente en el aire: ¿tal era la dependencia con respecto a su hermana que el pasado año se arrastraba descompuesta por las clases solo por no tenerla cerca? Porque de ser así, ciertamente, no se trataría de una relación sana, la verdad, y eso sin entrar a juzgar, pero sí viendo la realidad pasmosa con la que esta vez se abría camino por los pasillos, mostrándole a su hermana el centro, los compañeros, los profesores… Ella le llevaba un año de ventaja en su estancia por allí y podía ejercer de cicerone turístico por todos los rincones.

Insisto, no dejaba de ser algo inquietante. Así que pregunté. Y llegué a una de las historias más tristes, malvadas y terribles con las que yo haya podido encontrarme en mi carrera profesional. Porque esta vez no fue un error de ignorancia o de no saber canalizar las emociones, no, esta vez era maldad en estado puro. O eso nos parecía a algunos, entre los que me incluyo.

Al parecer, sus padres estaban más que separados. Ni siquiera divorciados, era lo siguiente (que no sé cómo será eso, pero entre ellos debía existir una siguiente fase[12]). Y al separarse, ninguno se quedó con las hijas, así, como si se tratase de un paquete promocional. Nada de eso. Ellos querían evitarse peleas de fines de semana o de tardes con tus hijas o de que no me las devuelves, o de no me dejas entrar a verlas o hablar con ellas por teléfono o cualquier otra situación de esas tan comunes que podáis imaginar o que quizás conozcáis personalmente… Y decidieron que cada

---

[12]   Y, si no, la inventaron para ellos.

uno se iba a quedar con una de sus hijas, solo con una de ellas. Y así perdían de vista a la otra mitad de la familia. Se olvidaban por completo de que existían: los padres por voluntad propia; las hijas, por voluntad obligada. Y pasaban los días, las semanas, los meses… y una no sabía nada de la otra. Eran otros tiempos, no había móviles por doquier como ahora.

Así que no solo se divorciaron los padres, sino que obligaron a divorciarse a las dos hermanas, que no tenían culpa de nada. Y como los padres (padre y madre, madre y padre) se llevaban a matar, pues nunca podían ni hacían por verse. Repito, nunca. Nunca. Pero nunca, nunca nunca nunca.

Hacía un tiempo ya que el padre decidió cambiar de colegio a su encomendada (porque llamarla hija, aunque lo fuera, a mí, personalmente, me parece un insulto a los grados de consanguineidad emocional) para poder perder la pista de su exmujer y de su otra hija. Y durante más de un año lo consiguió. Pero la madre, que, como cualquier madre, cuando quieren son muy tenaces, no dejó nunca de buscar a su otra esencia vital que le habían desgarrado, aquella que la habían descarnado de su ser. La madre, repito, tenaz en su ardua búsqueda, logró averiguar dónde estaba matriculada su otra hija, aquella que llevaba más de dos años sin ver, ni oír ni tocar ni abrazar ni sentir en cualquiera de sus ínfimas posibilidades. Y sin que su exmarido ni su otra hija lo supieran, cambió de instituto a su hija, a la que vivía con ella, y la matriculó en el mismo centro que a su hermana, aquella chica despierta, pero triste, que deambulaba por los pasillos de nuestro centro desde hacía un curso.

En conserjería, un cartelón gigante decía algo así como:

ATENCIÓN, IMPORTANTÍSIMO:

XXXX XXXXX SE VA SOLO CON SU PADRE, NO PUEDE TENER CONTACTO CON LA MADRE; Y XXXXX XXXXX SOLO SE VA CON SU MADRE, NO PUEDE TENER CONTACTO CON SU PADRE.

Tal cual.

Y lo más triste de la historia, porque aún es peor de lo que ya estáis leyendo, es que el señor que intentaba ejercer de padre, pero que actuaba como un verdugo medieval, se enteró de la maniobra a los cuatro o cinco meses de permanecer allí juntas las dos hermanas en el centro, más calladas en su casa que Pío XII con la Segunda Guerra Mundial. Y no le cayó bien. Protestó en dirección. La dirección respondía que ellos no sabían de la particularidad de la situación y que tal y que cual. Echando capotazos para salvaguardar el bienestar de las dos niñas.

Al día siguiente dejó de venir al centro la chica que estaba allí desde hacía un curso, la que vivía a cargo del señor.

A la semana siguiente vino una solicitud de un traslado de matrícula.

El hombre quería dejar claro quién mandaba y, sobre todo, pretendía fastidiar todo lo posible a su exmujer, sin darse cuenta de que estaba exterminando el mundo emocional de sus dos hijas, aquellas dos personas por las que debía luchar más que por nada. Unas hijas que, no sería raro, pudieran acabar en un programa de esos de la tele, dentro de quince años, en los que dos hermanas se reencuentran tras muchos años sin haber tenido contacto alguno.

Y allí se nos quedó ahora, con la misma languidez ceniza que su hermana, aquella otra que llegó un curso después de la primera solo porque a un señor que decidió tenerla con una mujer, se le metió entre ceja y ceja que ellas debían volver a separarse y no tener contacto alguno más en la vida. Ese hombre, perro rabioso y enfermo, seguramente pensaba que estaba en su derecho, y quizás lo estuviera (tampoco yo conozco hasta dónde podía llegar su situación), pero, desde mi sentir, no me veo capaz de tildarlo de padre. Sé que quizás hago mal, me he convertido con este caso en juez y ejecutor, pero yo también soy humano, cometo errores y esto pesaba sobre mí como tarde plomiza que descompone el alma.

La segunda hermana se quedó en el centro, triste y sola, tal y como anteriormente había estado allí la anterior, sacó su título tristemente y se marchó como alma en pena.

La primera… se fue, sin más, y nunca supimos de ella. Creemos que volvieron a su país de origen.

El olor del alcohol

Saberse el abecedario no es lo mismo que leer.
Hacer caligrafía no es lo mismo que escribir.
Aprobar no es lo mismo que aprender.
CAROLINA LEDESMA ALBA

La educación es un proceso que no termina nunca.
JOSEFINA ALDECOA

Y antes de pasar a la siguiente historia, voy a hacer un receso, una pequeña pausa, una breve narración que contaros, como un sorbete de limón y cava entre el primer y el segundo plato de un exhausto menú de boda gallega.

Ya digo que cuando te involucras en tu centro hasta los suburbios administrativos, indagas en papeles, lees expedientes, hablas con servicios sociales, con jefatura de estudios y tutores y hasta con los propios alumnos, es entonces cuando descubres historias como esta y otras.

Alumnado patrocinado por prostitutas, borrachos, drogadictos, dementes, tarados, esquizofrénicos, enfermos, discapacitados emocionales… y que se ven retroalimentados por ineptos profesores que defienden su posición desde la almena más alta del castillo.

En mi año de dirección entró una mañana un padre al despacho del director para hablar conmigo, había pedido su cita y allí estaba yo, dispuesto a atenderlo. Su paso por el pasillo central de dirección hasta llegar a la habitación en que iba a atenderlo fue como de dibujos animados. Conforme iba andando, las flores se tronchaban a su paso, los cuadros se daban la vuelta y las paredes se autodesconchaban.

Entró en el despacho y yo me quería morir. Un duro día de invierno en el que no tuve más remedio que abrir de par en par las dos ventanas. Un frío aterrador que entraba y él ni siquiera osó decir que las cerrara, creo que, en su éxtasis báquico, comprendió que debía ser así. Su piel transpiraba alcohol en proporciones suprahumanas. Él mismo parecía toda una destilería ilegal de la época de la prohibición estadounidense.

Ni recuerdo de lo que hablamos, honestamente lo digo, solo intentaba contener mis arcadas de la forma más respetuosa posible. Lo que sí recuerdo es que me preguntó algo y yo aproveché el momento como excusa perfecta para salir a por unos papeles para poder responderle correctamente. Papeles que no me hacían falta, pero sí que necesitaba respirar aire puro. La administrativa se reía, por no llorar, cuando iba a su despacho mientras me decía con voz muy queda: «Si es que huele desde aquí».

¡Ese hombre hacía años que no bebía agua!

¡Ese hombre se conservaba en etanol directamente!

¡Ese hombre no sudaba, era un grifo de vino moscatel!

Cierto es que nunca en mi vida he tenido una experiencia similar. He sido voluntario en asilos con ancianos, y en cierta ocasión con ancianos que culminaban su última estancia en esta vida, en hospitales con enfermos terminales, con niños de la planta de oncología, enfermos de sida… y nunca el olor de ellos o de medicamentos o de la misma situación en su contexto me ha dado arcadas como las de aquel día a las nueve y media de la mañana, a cinco grados y con dos ventanas abiertas en corriente. Nunca.

Y ese señor era padre de un alumno que venía a protestar por no recuerdo qué.

Como estas ha habido tantas... que ni las recuerdo todas. He tenido que escuchar, oír, hacerme el sordo, he recibido golpes de alumnos, puñetazos, amenazas de madres y abuelas, peticiones para poner a sus hijos a limpiar los baños... Hasta una denuncia tengo por ahí...

En fin, con este frío matutino de una mañana invernal bañada en alcohol, abandonamos el receso...

Nuestro deber: el milagro
de la reinserción

Uno a uno, todos somos mortales.
Juntos, somos eternos.
APULEYO

La solidaridad es la ternura de los pueblos[13].

Los hombres son ricos solo en la medida de lo que dan.
El que da un gran servicio recibe una gran recompensa.
ELBERT HUBBARD

A veces, el concepto de «vigilar un examen» va mucho más allá de lo imaginado. Cuando pensamos en eso, normalmente uno recrea en su mente una clase en silencio, con sus alumnos separados, cada uno con sus bolígrafos o lápices, algún folio en blanco o con las preguntas ya escritas y a un profesor que no deja de deambular por el habitáculo, sobrellevando una carga de aburrimiento impensable. Se pasea, resuelve dudas, manda callar, pide silencio, quita un examen…

A partir de ahí, las variaciones pueden ser muy diversas. Alumnos que no paran de charlar a la par que el profesor pide

---

[13]   Honestamente, no he llegado a dilucidar si esta frase es de Gioconda Belli o de Eduardo Galeano. Sé que no es mía, que me gusta y que quería traértela aquí.

silencio porque están en un examen; alumnos que se levantan y cogen bolígrafos, gomas, lápices, típex a otros compañeros; alumnos durmiendo porque terminaron su examen antes de empezarlo siquiera… En fin, todo un mundo de posibilidades que dependerán de muy diversos contextos.

Sin embargo, el examen que yo te voy a contar no lo habréis visto prácticamente ninguno de vosotros en vuestra vida. Y es de lo más curioso. Pero antes de narrar cómo aconteció el examen, voy a ponerte en antecedentes. Sin contexto no puede haber texto. Al menos uno que sea comprensible. Y te prometo una gran historia.

Cierto año, nos llegó al centro un alumno de diecisiete años que cumplía los dieciocho en la primera mitad del año escolar. Se matriculó en lo que llamaban cursos para, académicamente, desahuciados. Es decir, los que recogían a chicos y a chicas que no habían hecho nada de nada en los últimos años por muy diversas circunstancias: dejadez, aburrimiento, atraso educativo…, y a los que se les intentaba instruir con unos mínimos muy mínimos de cultura general, de aprender a leer y escribir en algunos casos… y algunas nociones de alguna disciplina: informática, administración, mecánica, peluquería… Hubo un tiempo que, si pasaban esos dos años, se les daba un graduado escolar. Luego, ya nada. Y en el futuro… a saber.

Pues bien, este chico era de aquella época. Era su segundo curso (había hecho el primero de ellos en otro centro) y venía a sacar su graduado escolar.

Grande, piel morena oscura, guapo, con buen porte, educado. Muy formal y muy respetuoso. Siempre hablaba con un talante cargado de paz infinita. Su único propósito era el de sacar el graduado escolar. Se hizo muy amigo de otro compañero, de circunstancias aparentemente similares, salvo que este otro compañero tenía un hijo de año y medio. Era igualmente educado, respetuoso, formal y trabajador. Mi compañera Estela se preguntaba con frecuencia lo siguiente:

—¿En qué momento de la vida se perdieron estos chicos para acabar aquí y estudiando de esta forma?

Nunca supe responderle. Ni siquiera ellos supieron nunca respondernos.

El tiempo pasaba, el curso avanzaba y ambos sacaban unas notas muy buenas, mantenían el nivel y la concentración. Uno lo hacía por su hijo y su novia; el otro, por su madre. Cuando alguna vez se oye decir que un padre haría cualquier cosa por un hijo, no terminas de verlo hasta que, o bien eres padre, o bien te encuentras con un caso así.

En fin, el muchacho del que os hablo lo hacía fundamentalmente por su madre, aunque, en su inconsciencia, lo hacía igualmente por él.

Le iba genial. Y llegó junio.

A mediados de mes, a punto ya de terminar y con casi todos los exámenes hechos, se presentó en mi despacho de dirección una pareja de la policía nacional preguntando por él, querían saber si estaba en el centro. Ante mi respuesta afirmativa, me dijeron que el muchacho estaba en busca y captura desde hacía un año y medio y que hasta este momento no habían dado con él.

—¿Cómo? ¿Qué? Pero, ¿qué ha hecho? ¡Si es un muchacho excepcional! Es de los mejores alumnos que tengo en este centro.

—No podemos decirle la causa, lo que sí podemos decir es que está en busca y captura y debemos llevárnoslo. Si es usted tan amable de decirnos cuál es su clase para que vayamos por él.

—¿Ahora? ¿Qué? ¿Cómo? ¿Qué me están contando? ¿Es necesario hacerlo aquí y ahora, de esta forma y delante de todos? Por favor, déjenme que vaya a por él y yo lo baje de clase. Les juro que se lo bajo, pero no lo detengan en clase y delante de sus compañeros.

—No deberíamos permitir eso, está en busca y captura desde hace más de un año y podría huir.

—Permítanme que lo haga, por favor. Si quisiera huir lo habría hecho ya o no estaría aquí. Si lleva en busca y captura tanto tiempo es porque no lo han buscado bien, y perdónenme la grosería, pero es que el muchacho lleva aquí desde hace casi nueve meses. Por favor. Se lo ruego.

—De acuerdo, esperaremos en su despacho y daremos aviso a nuestros compañeros de fuera por si huyera.

—¿Es que hay más gente fuera? —Pero si es un gran chico…, pensaba yo para mis adentros.

Salí cabizbajo de mi despacho. Ni di el aviso a ninguno de los conserjes para que fueran a por él, prefería ir yo, enfrentarme a esto y no meter a nadie más. Casi con lágrimas en los ojos subí los dos pisos de escaleras y me dirigí a su clase. A unos días de graduarse se lo llevaban. No es justo. No sé qué hizo, pero no es justo.

Llamé a la puerta, abrí y observé que hoy no había venido. Pregunté por él y me dijeron que había faltado ayer y hoy, que estaba enfermo, creían.

Bajé y se lo comuniqué a los policías. Al principio no me creyeron. Pero luego vieron en el programa informático que las faltas constaban ahí desde el día anterior. Me pidieron su dirección y les respondí que sin una orden judicial yo no podía facilitar esos datos, que ellos ya lo sabían, que me estaban pidiendo que incumpliera la ley. Se enfadaron y me reprocharon que no se la diera. Me intentaron convencer. Se pusieron un poco agresivos, supongo que fruto del nerviosismo y de la rabia de haber perdido esta oportunidad para haberlo cazado. Me dijeron que para estos casos de busca y captura no hacía falta una orden judicial. Y como yo tampoco les creí, pues llamé por teléfono a mi inspector, quien muy gustosamente les explicó que siempre hacía falta una orden judicial.

Y se marcharon confusos, enfadados y despotricando del sistema.

Por la tarde estaba ya detenido, en un calabozo de la comisaría central y esperando a que siguieran con el protocolo correspondiente, supongo.

Dos o tres, o quizás, cuatro días después, porque no lo recuerdo, me llamaron de la fiscalía de menores para saber del muchacho en cuestión. Estaban elaborando un informe para ver qué le pedían al chico. Estuve varias semanas de papeleo, de llamadas telefónicas hablando de lo mismo con todos ellos. Hablé con el fiscal, con su secretaria, con abogados, con servicios sociales, elaboré informes... Y en todo momento siempre fui muy concluyente: yo no era quien debía juzgarlo, pero su situación ahora y en el centro en estos nueve meses había sido excepcional. Fuera de lo común, la verdad. Estela decía que la busca y captura debía haber estado motivada por alguna agresión con violencia, alguna puñalada o reyerta en la feria... Vete tú a saber.

Junio terminó, las notas se entregaron, menos las suyas. Tenía todo aprobado menos una asignatura. Y el profesor no consentía aprobarlo por la cara. Es decir, que, perdido en una celda en cualquier prisión, este chico había tirado sus dos últimos años. Por un examen, ¡un maldito examen! No me lo podía creer y no estábamos dispuestos, ni me jefa de estudios ni yo, a que eso sucediera. Nunca entendí el afán de protagonismo de ese profesor.

Llamé a la fiscalía y me informaron de que el chico estaba ya en una prisión de Extremadura. Que debido a mis informes le habían condenado a menos de lo que deberían. Solicité el teléfono del despacho de la jueza que llevaba el caso. Y me dieron el de su secretaria. Llamé y le dije el porqué de mi llamada. Me dijo que ya me llamarían.

Al día siguiente, viernes, me llamó la misma jueza a mi teléfono directo del centro. Le expliqué la situación de cabo a rabo, que el chico podía perder sus últimos dos años de estudios por un solo examen. Ella siempre me respondía que la ley estaba para cumplirla y que podía realizar estudios desde la penitenciaría. Y yo nunca le discutí eso, lo entendía, pero intentaba construir algo nuevo en el marco legal y hacerlo lo mejor posible para este chico. Y así, entonces, me salió mi mejor yo, el que entremezcla sin pensarlo la inteligencia lingüística con la emocional. Y me explayé. Si llego a estar en un tribunal, lo mismo hasta me detienen. Pero ella, además de jueza, debía de ser madre, hermana, hija y, sobre todo, justa y buena persona. Era lo único que me quedaba ya: apelar no a un tribunal, sino a su humanidad.

Lunes, metidos ya de lleno en julio. Media mañana. Teléfono.

Señor director, el pasado viernes fue usted más convincente de lo que seguramente creyó y de lo que a mí me habría gustado.

—No entiendo, señoría.

—No se ponga fino ahora, con la de barbaridades que me dijo el viernes. Puedes volver a tutearme.

—Si en algo la ofendí, no pretendía hacerlo y le pido disculpas.

—Ja, ja, ja, ja… No, para nada me ofendió, pero sí me removió las entrañas. Es usted muy hábil. Habría sido un gran abogado. Debe de ser usted un gran profesor, sin duda.

—Muchas gracias, María Teresa, por sus palabras, pero no entiendo el sentido de esta llamada.

—¿Sabía usted que existe una opción legal para que el muchacho acuda a su centro en el mes de septiembre, en la fecha que usted indique de su calendario de exámenes para realizar su examen?

—No, la verdad, no lo sabía.

—Pues ya lo sabe, Álvaro.

—¿Y?

—Y que he resuelto conceder esa opción para el chico, solo espero que no la desaproveche. Así que ya está haciendo un paquete con los apuntes que le hagan falta para que se lo hagan llegar a prisión.

—¿En serio? —dije medio tartamudeando—. ¿Es en serio?

—Claro, con estas decisiones no bromeo, créame.

—Es usted una buena persona y una gran jueza. Ha hecho bien.

—Espero no equivocarme.

—Y yo también espero no equivocarme tampoco.

—¿Es que no va a decirme que «pone la mano en el fuego» o algo así?

—No, la verdad. Pero espero que todo termine bien.

—Me gustan sus formas, Álvaro. No había visto nada igual en mi vida.

—Bueno…, no diga eso, señoría, usted está acostumbrada a defensas, abogados, fiscales…

—Sí, a eso sí. Pero a un profesor que pierda tanto tiempo en un chico que ni le va ni le viene y que estaba en busca y captura desde hacía tiempo, no. A eso no estoy acostumbrada. —Y, honestamente, no creo que haya mucha costumbre.

—Es que —la interrumpí—, a mí sí me van y me vienen mis alumnos.

—Pues eso es lo que me llama poderosamente la atención. Y por eso le hablo de sus bondades.

—Muchas gracias. Tampoco es para tanto.

—Sí, sus bondades no las tiene cualquiera. Le deseo un buen verano y estaremos en contacto en septiembre, a ver qué sucede. Mi secretaria se pondrá en contacto con usted para la fecha del examen. Un placer, don Álvaro.

—Igualmente, señoría. Un auténtico placer.

Colgué el teléfono y me puse a llorar. Llegó Estela con unos papeles y me preguntó aterrada que qué me sucedía. Le expliqué y, entonces, nuestra común alegría desbordó el despacho. Fuimos a contárselo a María José, nuestra gran administrativa. María José era algo excepcional también. Fueron años muy duros, pero estuve rodeado de los mejores: María José, Estela, Cris, Paco, Ana... Eso no se olvida nunca.

Preparamos el paquete y se le envió al chico a través de los servicios sociales comunitarios. De la cárcel nos llamaron para confirmar el envío. Nos preguntábamos si eso era normal o es que, por fin, habíamos entrado en un cúmulo de buenos propósitos.

Esperamos a septiembre.

Y llegó el día 2 de septiembre.

Nueve de la mañana. Teléfono móvil directo de dirección. La policía llamaba para confirmar la dirección del centro.

—¿La policía? Pero, ¿es que lo traen ustedes?

—Por supuesto, señor. ¿Qué se pensaba?

—Pues que tendría un permiso.

—No, señor. Este chico es un *matao*, un don nadie. A este se le escolta desde su cárcel de origen hasta el instituto. Llegó anoche a nuestros calabozos de la prisión central. Ha pasado la noche, se le ha dado el desayuno y en breve saldremos hacia allá.

—De acuerdo, dije muy pausadamente, aquí les estaremos esperando.

Llegaron. Me llamaron desde la puerta y les abrí el portón para que entraran con el coche. Era un vehículo normal. No tenía nada que lo identificase con la policía. Respiré más tranquilo, porque si no ya estaba viendo yo el festival con todos los niños del centro que entraban y salían a esa hora. Así podía pasar todo más desapercibido.

Se abrieron las puertas. Salieron tres armarios empotrados. Si en el coche hubiera una pegatina de IKEA no nos habría sorprendido. ¡Santo Dios! ¿Cómo alguien puede tener unos cuerpos así? La madre del cordero. Aquellos no eran hombres normales, eran personajes de Marvel. Saludaron los tres y uno de ellos preguntó por mí.

—¿Don Álvaro?

—Soy yo.

—Encantado. Las condiciones son las siguientes: nosotros escoltamos al chico a un aula, tiene que ser un aula para él solo, nada de estar con el resto de sus compañeros. ¿De acuerdo?

—Por supuesto, ya me habían informado de la clase solo para él y está preparada en otra zona del centro para que no haya ajetreo de personas.

—Muy bien. Muchas gracias. Pues vamos allá.

Uno de los agentes se quedó sentado en el asiento del conductor mientras los otros dos abrían la puerta y ayudaban a salir a nuestro alumno. No me lo podía creer. Ahí estaba. Salió con alguna dificultad y, entonces, me di cuenta: tenía las esposas puestas. Pregunté al agente que había hablado conmigo si era necesario. Él miró al muchacho y se debió de enternecer. Se las quitó tras advertirle de las consecuencias si aprovechaba para huir.

Atravesamos el estrecho aparcamiento y cuando íbamos a entrar al edificio, una mujer se echó encima del chaval llorando y lo abrazó tierna y encarecidamente. Uno de los policías la apartó y le dijo que no podía tener contacto con él. Y el otro, con templanza y ternura, le dijo que era su madre, que un abrazo no iba a hacer daño a nadie. Y les consintieron un abrazo de apenas uno o dos minutos. Hacía más de dos meses que no veía a su hijo, su situación económica no le permitía viajar hasta Extremadura. Un breve espacio de tiempo que todos percibimos como eterno. Finalmente, la separaron mientras lloraba desconsoladamente y le decía que le quería mucho. Y él, un tiarrón de casi un metro con setenta y cinco, con dieciocho años y delante de todo el mundo (con lo que esos factores pueden condicionar), lloraba a moco tendido mientras decía: «Te quiero, mamá. Estoy bien. No te preocupes. Te quiero, ya mismo estaré en casa». Y, mientras, muchos compañeros se arremolinaban a su alrededor para ver qué sucedía.

Ese instante desgarrador pudo con todos los allí presentes. Hasta los armarios empotrados dejaron entrever sus puertas del alma en las lágrimas contenidas de sus ojos.

¿Quién dijo que los hombres no lloran? Porque allí estaba Estela y una madre llorando, y un chaval hecho y derecho, y dos agentes de policía gigantes y un director de instituto y un conserje y dos compañeros. Y todos llorábamos como si se estuviera hundiendo el Titanic de la película.

Fuimos al aula. Entró el alumno escoltado por sus dos guardianes, el profesor que debía hacer el examen y yo mismo. Les dije que como yo ya no pintaba nada allí que esperaría fuera del aula, con Estela, la jefa de estudios. Se sentó el chico y a cada uno de sus lados, como si fueran a copiar en el examen, se sentaron los policías. Y me salí.

Al cabo de unos instantes salió el profesor. Nos decía que él se sentía raro, que no estaba a gusto. Le había dado al chaval su examen y le había resuelto las dudas. Y total, decía, no se va a copiar con los dos Schwarzenegger que tiene a cada lado. Y era verdad.

Y casi no habíamos parado de reír de la situación cuando salieron los dos agentes y nos dijeron:

—Pobre, lo vamos a dejar solo, porque yo no sería capaz de hacer un examen con dos tíos al lado sin que me quitaran ojo de encima. Y total, estamos en una segunda planta, las ventanas tienen rejas y nosotros estamos en la puerta. El chico es muy bueno. No sabemos qué hizo, pero lo llevamos custodiando desde anoche y es un buenazo. Una lástima.

—Suerte que ha podido venir a esto.

—Sí —respondió alguien—. Una suerte.

Aunque ya sabemos que muchas veces lo que conseguimos no es solo fruto de la suerte, sino del trabajo y del esfuerzo de algunos.

Al cabo de más de media hora, el chico abrió con cuidado, como con sigilo, para que no vieran nada raro en él y dijo que había terminado. El profesor les dijo a los agentes que, si podían esperar un poco, él podía leer el examen en unos minutos y que así ya le decía la nota.

Aprobado.

El chico lloraba de emoción y se nos abrazaba diciendo:

—¡Por fin! ¡Por fin tengo título!

Bajó escoltado y se lo dijo a su madre, emocionado, llorando a lágrima viva. Se volvieron a abrazar brevemente con el beneplácito de los policías y se despidieron con un beso. Agradecí a los agentes el derroche de humanidad que habían hecho allí en esa mañana. Uno de ellos, entre risas y medio bromeando, nos dijo que no dijéramos nada, ya que se habían saltado varias normas.

Sonó el teléfono al final de la mañana:

—Don Álvaro, espero que haya tenido un buen verano y que haya habido hoy un buen examen.

—Señoría. No sabe cuánto se lo agradezco. Lo que hemos vivido aquí hoy no tiene precio. Lo que hemos conseguido hoy es algo increíble.

—Eso espero. ¿Sabe usted el dineral que cuesta esto al estado español? Transporte, escoltas, horas extras…

—No lo sé, ni quiero saberlo. Hay cosas que no tienen precio o, cuando menos, no deberían tenerlo. Y el estado se gasta un dineral todos los días en chorradas. Hoy, señoría, hemos hecho algo grande. Hoy hemos reconducido una vida por el buen camino. Hoy hemos hecho posible el milagro de la reinserción. Este día no deberíamos olvidarlo nunca: hoy fuimos personas. E hicimos lo que teníamos que hacer. Incluso aunque mañana este chico robara, nosotros hicimos lo que sabíamos que debíamos hacer. Y yo le estaré siempre agradecido por lo que ha hecho, a sabiendas de los riesgos y de los presupuestos. Hoy usted ha sido una heroína, María Teresa. Gracias, de todo corazón.

—Gracias a usted, Álvaro. Gracias a usted. Por infundirme de ese coraje. Para mí ha sido un placer y un honor. Usted puede llamarme Mayte.

—Gracias, Mayte, por comprender, por hacer y por construir. Un saludo.

Y este muchacho se llevó su graduado.

¿Era o no era rara la vigilancia de este examen? Ya te prometí un gran relato al principio de este capítulo…

Yo todavía lo recuerdo y se me saltan las lágrimas. Seguro que tú estarás igualmente emocionado o emocionada. Lo sigo viendo igual en mi mente, tan grande y llorando a moco tendido abrazado a su madre, diciéndole que volvería pronto y que tenía el graduado.

Hasta siendo tiarrones como robles, las personas no dejamos de ser frágiles y vulnerables; y un abrazo con tu madre puede disipar cualquier turbulencia, aunque solo sea de forma momentánea.

La madurez de pedir ayuda

Lo que se dé a los niños, los niños darán a la sociedad.
KARL A. MENNINGER

Cada vez que los chicos me hablaban de droga en algún contexto determinado siempre se me venía a la cabeza la misma historia. A veces, incluso, hasta ni escuchaba lo que me decían durante unos segundos, porque siempre se me iba el pensamiento a ese recuerdo en el tiempo.

Años atrás, antes de entrar en la escuela pública, le di clase a una chica de unos trece años. Era la hija de un magnate. Un señor que era el director de España de una gran multinacional… de esas que no os lo creeríais si os lo dijera. Su megaempresa estaba en expansión en mi provincia y se vino a vivir unos años para organizar la extensión de esta, que tampoco era suya porque era de un señor de otro continente, pero él sí era el que la controlaba y mandaba en ella en nuestro país. Su hija tenía, a los trece años, una visa oro sin límite de crédito. Sí, lo has leído bien. Visa oro sin límite de crédito: el sueño de muchos o de cualquiera. Y a los niños, como al resto de las personas, si no se le ponen límites, pues se expanden también, como una multinacional de esas. Y ella lo hizo: se expandió, pero bien. Su padre no la veía apenas, no pasaba ratos largos con ella, no veían la tele juntos, ni reían, ni veían películas con palomitas o gusanitos. No. Su padre trabajaba y trabajaba y así, en bucle, hasta el infinito. Nadie duda, tal vez, de sus buenas intenciones, pero se olvidó del mayor tesoro, de lo que debía guardar, preservar y disfrutar hasta límites insospechados. Los mejores años de tu vida, si tienes hijos, pueden dártelos ellos, pero también debemos estar con ellos, acompañarlos, guiarlos, reír y llorar con ellos. Y él se lo perdió. Cambió todo eso por una visa oro sin límite de crédito. Eso es lo que consigue a veces todo este sistema económico y educativo. Por eso es importante hacer reflexionar y pensar en lo cotidiano.

Durante años, ha habido una tendencia de padres y madres que, creyendo que era lo mejor, se desentendieron de sus hijos con objeto de ganar todo el dinero posible para, de esta forma, poder darles todos sus caprichos, sin darse cuenta de que lo único que de verdad necesitaban era tiempo con ellos. Y hablo de los que trabajan y trabajan para vivir con más de lo realmente necesario a costa de sus propios hijos, no de los que se parten la espalda a diario por sobrevivir, a esos les tengo un respeto profundo y mi mayor admiración.

Pues bien, esta chica, sin más conocimiento que el de un ambiente sobreprotegido en su abandono cotidiano, cogió su tarjeta visa oro sin límite de crédito y se fue de compras. Pero no de compras como vamos los demás, mirando precios, viendo materiales y comprando ropa del Carrefour cuando es necesario o esperando el día sin IVA o los ocho días de oro; no, ella iba de compras a todo tren. Sin mirar, sin miras y sin miramientos. Ingenua e inocente ella, porque era un pan, pero, en este caso, se dejó embelesar y es por eso que la engañaron. Así que, muy decidida, se dirigió a comprar, como si de un juego se tratase, una buena pastilla de chocolate. Pero no del suizo, no, para nada, era más bien del colombiano, o marroquí... Una buena pastilla de droga. Y como en realidad para ella, desde su inocencia, no era más que un juego, pues se puso a repartirla una mañana en el recreo, muy tranquila y generosamente, entre sus compañeros. De lo más feliz, oye, sin pensar. Ingenua, inocente e infeliz. En el fondo me dio mucha lástima. Ella ignoraba por completo las repercusiones que eso podría tener, no sospechaba ni de forma lejana las consecuencias que eso iba a causarle. Una visa oro sin límite de crédito y aquí estoy yo pensando de ella que pobre… Estaba, además, en un colegio privado, privado… privado de libertades, de opciones, de tiempo y que costaba un riñón. Y la echaron. No podían permitir un caso así. Se tuvo que ir a otro cole. Una semana después nadie se acordaba de ella, estoy seguro, salvo, tal vez, alguna amiga. El ser humano es así. No somos imprescindibles. Echamos de menos o de más, y con eso todo queda solucionado. Quizás no nos quede otra para sobrevivir decentemente al torbellino de emociones que puede sorprendernos a diario.

En fin, sea como fuere, el caso es que cada vez que me hablaban de droga se me venía aquella niña de ojos azules y pelo rubio platino, casi cristalino y con la vida aparentemente resuelta. Una vida en la que, a pesar de tenerlo todo si quería, le faltaba lo más fundamental: aquello que hacía que la niña actuara de aquella forma, buscando lo que realmente necesitaba y no tenía. Tiempo con sus padres, cariños, abrazos y muchos ratos de estar juntos.

Y, en realidad, te cuento esto porque tenía un grupo de siete alumnos muy potente. Eran majos, pero con problemas. Cada uno tenía una adicción personal a su propia situación vital. Cuando pensamos en adicciones siempre se nos vienen las mismas a la cabeza: alcohol, drogas, cafeína o, incluso, chocolate. Sin embargo, olvidamos adicciones fundamentales y muy dañinas: las que tenemos a experiencias de vida, a nuestro rol de víctima, a los miedos, a situaciones de la infancia que nunca hemos llegado a superar. A nuestra vida, al fin y al cabo. Al entrar en clase estaban todos los alumnos especialmente nerviosos. Era mi clase bomba, esa en la que, aunque solo sean siete, tienes que entrar con mucho temple; en la que no sabes si cortar el cable rojo o el verde mientras una gota de sudor frío te cae por la mejilla a la par que te tiemblan las manos sudorosas.

Y cuando digo que estaban así, era porque se detectaba un ambiente enrarecido, inquieto, como cuando ves a un niño de cinco años con cara de «yo no he sido» y la mantequilla untada por el suelo. Pues eso.

Entré con más cuidado de lo normal. Ubiqué mis pertenencias en la mesa y comencé a preguntarles qué tal estaban.

—¿Qué tal la tarde anterior? ¿Ha pasado algo? —me atreví a decir.

Me prestaron su atención y comenzaron a hablar todos a la vez, como emocionados, ahora más bien parecía que habían visto a su cantante favorito y estaba sentado allí con ellos. Todos a la vez. Imposible entender algo. Vi a Roberto que estaba como con muchas ganas de contarlo (y normalmente no suele hablar mucho). Así que pedí que se callaran los demás para que pudiéramos escucharle.

«No veas, maestro»… Así era como solían comenzar sus intervenciones. Y esta vez era un «no veas» de lo más «no veas».

—*Rezulta* que ayer por la *noshe ze* empezó a oír *muncho* jaleo en el barrio. *Munshos* golpes, *munshas zirenas*…

Llegados a este punto, mi cerebro comenzó a realizar la traducción simultánea. Los meses con ellos me habían dado la misma soltura que cuando estuve un mes en Brasil, donde acabé entendiendo todo perfectamente.

—Resulta que ayer por la noche se empezó a oír mucho jaleo en el barrio. Muchos golpes, muchas sirenas… Era una redada de los nacionales. ¡Pero increíble, maestro! ¡Había cien policías lo menos!

Sus compañeros le interrumpían con comentarios del tipo «venga ya, había menos; no qué va, había más», según la perspectiva de cada cual.

—Empezaron a entrar en algunas casas, daban golpes a las puertas o las echaban abajo con los palos esos gigantes. Se oyeron disparos…

—¿Qué? —pregunté yo como extasiado en mi sorpresa.

—Disparos, sí. ¡Joder, maestro! Pero si eso se oye de vez en cuando en el barrio. Tú tranquilo…

—Pero tendríais cuidado, ¿no?

Mi pregunta fue interrumpida por un conjunto de carcajadas colectivas.

—Maestro. Déjame que te cuente. Estábamos todos en las azoteas. Con cuidado, sí, ja, ja, ja, ja… Es que desde las azoteas es desde donde se ve mejor. Y estando allí, pues desde todas las casas nos pusimos todos a gritarles «picoletos, bofia, iros de aquí» y les tirábamos piedras y objetos que hicieran daño de los que encontrábamos en la azotea.

—¿En serio? —preguntaba yo atónito, sin dar crédito a lo que estaba escuchando—. ¡¿Qué tirasteis piedras a la policía nacional desde vuestras azoteas?!

—*Pos* claro. Ellos vienen y no veas cómo se ponen con nosotros. A mi padre hace un par de meses le rompieron dos dientes.

Y aquí empezó ya una discusión a siete voces en la que todos contaban sus diferentes experiencias. Redadas que acababan con un padre o una madre haciendo la entrada imposible a los nacionales mientras el otro tiraba de la cisterna tras arrojar toda la droga que tenían en casa (aunque también me explicaron que la policía entraba con un líquido y lo echaban al váter, y si se ponía de tal o cual color averiguaban si se había tirado droga por ahí); padres que se encaraban con insultos y cierta agresividad a los policías y acababan recibiendo. Los contextos son siempre imprescindibles para saber qué pasó realmente. Por supuesto, como os podéis imaginar, ellos lo contaban de forma que sus familias estaban formadas por futuros santos de la iglesia católica frente a los endemoniados policías que rugían su fiereza a base de palos.

El caso es que cada mes había un padre, madre, tío, prima… o alguien de la familia que ya no iba a comer con ellos a casa. Los habían hospedados en residencias estatales donde les prohibían contacto con personas ajenas a dicho lugar durante la mayor parte de su tiempo. No eran más que centros de reeducación en los que seguían cometiendo los mismos errores… o tal vez no, pero lo cierto es que la mayoría acababa de nuevo en el mencionado establecimiento por reincidencia.

Y, según me contaban, esas redadas sucedían, más o menos, una vez al mes. O eso deduje yo, porque ellos, en realidad, cuando contaban algo así, manifestaban que sucedía todas las semanas, todos los días, cada dos por tres… Mis cálculos me llevaban a esa conclusión, aunque tampoco obedecía a ningún criterio científico. También es cierto que a lo largo del curso me contaban esa historia cada mes y medio aproximadamente. Así que algo de verdad había en la sucesión temporal.

Cuatro días después entré en esa misma clase con un gran enfado por mi parte. Les dije que estaba muy mosqueado, aunque no con ellos. Esa noche a mi mujer y a mí nos habían robado el faro derecho del coche (con toda la pieza incluida del parachoques) mientras estaba aparcado en la calle. Era un Clio rojo precioso, pero ahora estaba tuerto… La verdad es que era una faena, aunque no fuese algo importante, pero sí que molestaba mucho, sobre todo, por esa sensación de indefensión, de no poder controlar, de maldad, de rabia contenida…

Yo estaba allí comentando los hechos y mis sensaciones y de repente Cristian, echado sobre su silla como si llevara horas viendo la tele en su sofá y se estuviera escurriendo, me dijo:

—Maestro, dígame el modelo, el color y el año y yo le regalo uno.

Sus palabras chirriaron en mi cerebro mientras derrapaban a la velocidad de la luz entre mis impulsos neuronales. Debí abrir la boca de forma algo exagerada y mis ojos seguro que brillaron con intensidad, porque todos empezaron a reírse a la vez a carcajadas mientras Sergio decía de nuevo:

—¡Qué sí, maestro! Que si me lo dices yo te consigo uno igual.

Y ya entonces fue cuando reaccioné y le dije que le estaba muy agradecido por sus palabras y por lo que estaba dispuesto a hacer por mí. Me había parecido un detalle bonito, aunque fuera algo delictivo, porque lo era, estaba clarísimo que él iba a buscar otro y lo iba a robar igual que alguien nos lo había robado a nosotros. De hecho, allí los que estábamos sabíamos que Cristian no hacía algo así por cualquiera. Cristian me apreciaba, tanto que, incluso, era capaz de robar un faro de coche para mí.

Le expliqué qué sensación tendría la persona a la que le robara él la pieza y qué mosqueo se pillaría y, como si nada, me dijo que eso era problema de él, no nuestro (muy gracioso, porque había hecho mi problema como nuestro, incluyéndose él mismo y a toda la clase en su complicidad). Le respondí que por eso era un problema mío y que le agradecía toda su ayuda y ofrecimientos varios, pero que tenía que rechazarlos por no considerarlos adecuados. Dieciocho mil pesetas de entonces nos habríamos ahorrado mi mujer y yo, pero creo que este momento en clase valía mucho más que todas esas monedas. Sin duda. Y lo valía por dos razones poderosas:

Primero, por el vínculo que entre todos nosotros dejamos allí sobre la mesa, como confeti recién lanzado.

Y, segundo, por las enseñanzas que allí vivimos todos: yo por mi parte las recibí de ellos y ellos a su vez vieron la integridad que tanto se ausentaba en sus casas y en su barrio.

Y aquel vínculo duró mucho tiempo, a pesar de que aquel año ellos se graduaron y se fueron del centro. Seguimos en contacto durante mucho tiempo. Hasta doce años después si nos veíamos por la calle, nos saludábamos con el mismo aprecio que cuando se graduaron.

Y ya que hablo de esta clase, te voy a contar otras historias que allí sucedieron. En ese grupo también estaba Jessi, una chica de origen extranjero y de una belleza extraordinaria, extrasensorial y extra todo lo que se os ocurra. Era muy guapa, escultural y llena de buenas intenciones. Pero siempre estaban apurados en casa, apenas tenían dinero y casi que terminaban el mes con riesgo de no poder realizar la última cena. Su madre trabajaba sin descanso para poder sacar adelante a los tres hijos, que ayudaban en lo que podían a la par que intentaban estudiar dentro de un sistema que no les pertenecía y del que no se sentían partícipes. Así que, de vez en cuando, ellos intentaban buscarse la vida cuidando niños chicos o haciendo algún trabajillo que no requiriera demasiadas capacidades intelectuales.

Pero, sucedió que, en cierta ocasión, no salió tan bien.

Una soleada mañana primaveral me encontré a Jessi muy hundida, su mirada reflejaba angustia. Me negó todo, alegando cansancio y sueño. Sin embargo, se puso a hablar con una compañera como si de un volquete de basura se tratase, para vomitarlo todo al lado y quitarse un peso de encima. Pero no se quitaba ningún peso, cada vez se la veía más lastrada y compungida. Le volví a preguntar y me rechazó con la mirada y un gesto de cabeza. Yo cada vez estaba más preocupado e intrigado, la verdad, porque la situación era de lo más intrigante. Y en una clase con siete alumnos, como podéis imaginar, todo se percibe, habría que ser muy lerdo o estar muy tocado o, por el contrario, ser un insensible como para no darse cuenta.

Respeté su opción de no hablar.

Al poco rato me vino con los ojos a punto de estallar, como una presa que empieza a abrir sus compuertas para iniciar un vaciado necesario que evite el hundimiento o el desbordamiento. Así venía ella. Aún no sabía si se iba a hundir o a desbordar... y entonces, empezó su historia: Jessi, dieciséis años.

Al parecer, en esa desesperación de intentar ayudar en casa con algo de dinero, buscó y buscó hasta encontrar lo que ella pensaba que era una gran oportunidad. Cuando tienes poco o lo suficiente para echar el mes, pero vives en una gran capital donde hay de todo y donde todo el mundo que tú ves tiene de todo y hace lo que le da la gana, pues se juntan el hambre con las ganas de comer, a veces, incluso, literalmente. Todos sus compañeros tenían videojuegos, iban al cine o a comer a restaurantes de esos que llaman de comida basura. Y si, además, tienes dieciséis años, tu hermano diecisiete y el otro doce, entonces, la desesperación crece como nísperos en primavera. Hasta te pones naranja, por no encenderte de ira.

El caso es que encontró una oportunidad de oro: así la vio ella. Montar un negocio como si fuera una franquicia, pero sin local, era más bien como si fuera vendiendo jabones Avon puerta por puerta. Le mandaron un montón de productos que tenía que vender, tras lo cual, enviaba una parte del dinero y se quedaba ella con una parte minúscula. Pero, al menos, era algo. Sucedió que no las vendía ni para atrás. Eso no lo compraba ni Dios y, además, en algún momento, según contaba ella, se las robaron. Así que tenía que mandar un dinero del que no disponía. Y su agobio era que debía pagar cien euros, que era mucho dinero, y para ella lo era aún más, ya que en su casa apenas terminaban el mes. Su angustia había crecido en estos dos últimos días porque ya había venido un tipo muy grande a verle y charlar con ella para decirle que tenía que pagar o se iba a tener que enfrentar a una serie de consecuencias que no le iban a gustar ni a ella ni a algunos.

Estaba llena de miedo. Quizás hemos visto mucho cine, pero aquello sonaba bastante mafioso.

Yo también me quedé pétreo.

Me dijo que estaba tan agobiada que ya estaba pensando qué hacer para ganarse los cien euros que debía pagar en una semana, y la única forma que se le había ocurrido para ganar ese dineral en aquella época había sido prostituirse.

—Maestro, yo estoy muy buena. Mírame. Cualquiera querría hacer guarradas conmigo y sacaría una pasta en un rato.

—No pienso ni mirarte, Jessi. Y no creo que esa sea la solución.

—Es que estoy muy asustada, de verdad. ¡No sé qué hacer!

—Déjame que lo piense y mañana hablamos.

—Gracias.

—Gracias a ti, por acudir a un adulto para que te ayude, eso dice mucho de tu madurez. Y es bueno que sepas que pedir ayuda cuando hace falta es lo mejor que podemos hacer.

Llegó el día de mañana, la llamé aparte y le dije que bajo ningún concepto iba a permitir que eso sucediera. Así que le entregué cien euros. La noche de antes lo había estado hablando con mi mujer y los dos vimos muy claro que había que darle el dinero. Así que se lo di, sin más:

—Jessi, toma cien euros y arregla tu deuda. En el futuro, ten cuidado dónde te metes.

—Pero, maestro, tú estás loco. Yo no puedo aceptar ese dinero.

—Claro, es verdad, quizá sea mejor prostituirse.

Silencio incómodo. Cabeza que se agacha, mano que se alza y coge el dinero. Con mi mano, suavemente, le levanto la cabeza y le digo:

—No hace falta que agaches la cabeza. Siéntete orgullosa de haber pedido ayuda y da gracias por haberla encontrado.

—Pero yo no puedo devolvértelo.

—Ni yo te he dicho que me lo devuelvas. Si algún día tienes un trabajo formal, estable y ganas dinero, me buscas y me lo pagas si eso te hace estar más tranquila. Si no, no te preocupes, mi mujer y yo te lo damos de corazón para evitar un mal mayor. Y si todo esto ha sido una patraña para sacarme dinero por la cara, pesará en tu conciencia, no en la mía.

Nunca me lo devolvió, hasta ahora, je, je, pero me da igual. Mi mujer y yo hicimos lo que creíamos conveniente hacer y lo haríamos de nuevo más veces si fuese necesario. Tampoco sé si fue una tomadura de pelo o, por el contrario, nunca me encontró para devolvérmelo o nunca tuvo el suficiente dinero como para hacerlo o le dio vergüenza o si volvió a su país, o tantas posibilidades plausibles que ni me paro a pensarlo. Lo necesitaba, se lo dimos. Todos fuimos honestos y, la verdad, nosotros nunca esperamos que nos llegara el dinero de vuelta.

Creo que aquel grupo de siete alumnos ha sido de lo mejorcito que he tenido en mi vida, de las mejores experiencias docentes que he podido disfrutar a lo largo de mi carrera profesional. Allí reímos, lloramos, nos enfadamos entre nosotros, nos reconciliamos… Nos pasó de todo lo pasable a un grupo de ocho personas que conviven dos o tres horas diarias de lunes a viernes.

Salir de un entorno hostil
para vivir con dignidad

La educación es el pasaporte hacia el futuro.
El mañana pertenece a aquellos
que se preparan para él en el día de hoy.
MALCOM X

Inteligente es aquel que sabe adónde quiere ir,
y más inteligente aún es el que sabe
adónde ya no quiere volver.
LEÍDO EN TWITTER[14]

Pensé que sería justo que Yananai tuviera un capítulo de mi libro en exclusividad, aunque sea cortito.

Yananai pertenecía a ese grupo de siete.

Ya os comenté que el grupo era muy majo y que entablamos mucha relación y toda la amistad que un profesor y un grupo de alumnos puedan tener, que es más de lo que uno se cree, aunque con el tiempo se suele perder, porque cada vida lleva su camino y lo normal es que se vayan distanciando.

Yananai era gitano. De hecho, fue mi primer contacto tan tan cercano con gitanos. De pequeño, nos habían metido en

---

[14]   Aunque he buscado por internet y redes sociales, no he logrado dar con su autor real. Vuelvo a tener la certeza de que no soy yo.

casa tanto miedo con los gitanos que cuando mi hermana y yo veníamos andando de casa de mis abuelos, yo a veces salía corriendo y gritando: «¡Qué vienen los gitanillos, qué vienen los gitanillos!», y la dejaba atrás, con la cara descompuesta y corriendo con los pulmones en sus brazos… Pobre. Aún hoy nos reímos de aquello, pero qué mal lo pasábamos en ese instante en que ves que el otro se va corriendo y te deja atrás con la amenaza fantasma en ciernes.

Pues eso, fue mi primer contacto serio con el mundo gitano. Tanto que hasta estuve colaborando en un estudio con el secretariado gitano del Ministerio de Educación y decidí quedarme trabajando con ellos más de quince años, con los gitanos, no con el secretariado.

Yananai, además de gitano, era un tipo con casi dieciocho años a punto de hervir en un cuarto de ESO, inquieto y con más salero del que yo pueda recordar ahora. Grande y corpulento. Muy grande y muy corpulento. Sensible, cariñoso, músico, huérfano de padre, hermano de otros dos chavales, mal estudiante que lo intentaba hacer bien, violinista, novio de su mujer de toda la vida y para toda la vida, justiciero y pendenciero, cargado de oros y gitano, con todo lo que esa palabra conlleva, en este caso, para bien, diría yo.

Intuyo que Yananai tenía oro hasta en lugares que no se le veían, pues siempre iba cargado. Por supuesto, llevaba un colgante de oro con una foto de su padre grabada en oro blanco, que había fallecido años atrás y al que él echaba de menos, como no podía ser de otra forma. A su padre se lo encontraron su madre y él en la puerta de casa, tirado, en el suelo, muerto a navajazos por un posible ajuste de cuentas.

Esa es una imagen de esas que se te deben quedar grabadas en tu tierna y permeable retina de nueve años hasta el infinito más indeseable. Estoy convencido de ello. Y él tan solo en una ocasión llegó a hablarme, con ojos apenas humedecidos, conteniéndose, de la muerte de su padre y de cómo se lo encontró en el escalón de entrada a su casa. Nunca más sacó el tema, así que nunca más le escuché hablar de ese trágico suceso, aunque no hace falta saber mucho más, la verdad. Solo conocer eso hizo que hasta a mí se me quitara el sueño un par de noches. El desconsuelo de pensar en su angustia era un sinvivir nocturno para mi conciencia.

Vivía en un barrio perverso, donde la droga, la prostitución, las armas y los trapicheos los tenía en la puerta de casa. Había más de todo eso que papeleras y zonas verdes, eso os lo aseguro.

Yananai siempre se jactaba de que él era el único de entre todos los miembros de su familia que no llevaba armas. Como él decía, yo solo llevo el violín. Nunca pude imaginar que en ese entorno y con esas condiciones culturales, Yananai quisiera tocar el violín. Es de esos milagros que te alumbran la vida a tu paso. Y es que él tenía una inteligencia superior al del resto de sus compañeros.

Su agresividad y su violencia eran muy contenidas. No era partidario de ella en un principio, pero tampoco se achantaba y si tenía que darle a alguien, le daba, sin contemplaciones. Tenía cuerpo y brazos para hacerlo tranquilamente sin pestañear. De hecho, llegó el día en que fue expulsado por una agresión.

Había llegado un chico nuevo al centro. Venía de ser expulsado de otro centro de forma definitiva. Un regalo, vaya. La verdad que era bruto el chiquillo. No sabía casi ni hablar. Se expresaba más con gruñidos que con términos coloquiales propios de cualquier hablante callejero. Y, además, no era buena persona. No es que esté juzgando al muchacho, es que realmente no era bueno. Seguramente fruto de sus circunstancias, como digo siempre, pero aquello pasaba los límites infranqueables del respeto humano por la vida y por los demás.

Sus compañeros le llamaban el Ruinero, ya te expliqué antes que es aquel que te busca una ruina sin tú quererlo. Son de esas personas que te buscan, te provocan y te hacen la vida imposible, hasta que lo consiguen y te hunden en el fango más asqueroso que hayas vivido en tu vida. Así que ninguno de sus compañeros se le acercaba mucho. Nadie quería tener problemas por el capricho loco de un trastornado ruinero.

Cierto día, en el patio, en la media hora de descanso que tienen los alumnos para desayunar, estaba Yananai sentado junto a su novia en un porche cubierto de plantas que había. El Ruinero llegó y le dijo, así, de pronto, sin venir a cuento, pues no había habido ningún altercado anterior:

—¡Tu novia es una guarra!

Él no hizo ni dijo nada. Se quedó quieto, callado y viendo con el rabillo de los ojos por dónde andaban los profesores de guardia del patio, o eso me contó él mismo días después. Al rato sonó el timbre que indicaba que el descanso había finalizado, los profesores de guardia se retiraron a la sala de profesores para recoger sus materiales e irse a clase. Son momentos en que los niños, mientras se organizan o no, pueden estar sin control ni vigilancia, aunque en aquel centro había hasta guardias para esos instantes. El Ruinero seguía revoloteando cerca de Yananai, esperando a ver si reaccionaba. Yananai levantó su casi metro setenta de estatura, alzó su brazo cual tizona y, literalmente, le partió la boca al Ruinero.

El Ruinero quedó en el suelo, sangrando, mientras él se dirigía al despacho de la dirección a explicar que le había partido la cara a un compañero, pero que tenía sus razones. Sabía que lo iban a expulsar, por eso se dirigió allí, para aclararlo lo antes posible. Sin embargo, dejó muy claro en el patio, a todo el centro, que él no se andaba con tonterías y que, si se le hacía algo indebido, luego se cobraba.

En el fondo, todos nos alegramos de que le partiera la boca. Incluso a la dirección le costó expulsarlo tres días a su casa, pero se afanaban en decir que las normas eran las normas, y Yananai lo sabía perfectamente. Desde aquel día, el Ruinero dejó de molestar a sus compañeros, especialmente a Yananai y a sus amigos. Cada vez que se me viene la imagen a la cabeza me lo figuro como un patio carcelario de cualquier película.

El Ruinero fue expulsado del centro definitivamente semanas después. Agredió a un profesor, en concreto, como ya sabes, al que suscribe estas líneas. Dos tortazos bien dados. Fin de su paso por nuestro centro: apenas tres meses y medio. En un año fue capaz de, al menos, pasar por tres centros que se sepa... a saber si fueron más. Ruinero le decían...

Así era Yananai. Una persona discreta y astuta, además de resuelta. Él siempre me decía: «Maestro, si quiero sobrevivir con dignidad, me tengo que ir del barrio. En el barrio no hay nada bueno y si me quedo acabaré como tantos. Y yo no quiero».

Dicho y hecho. Puso tanto empeño, que acabó encontrando un trabajo, se casó con su Nuria de toda la vida. Se alquilaron un piso muy chico en otra zona de la ciudad. Y su vida cambió. Él sabía que cambiaría. En su barrio, en la puerta, te podías encontrar de todo: droga, armas, prostitutas y hasta a tu padre muerto a navajazos. Por eso comprendía perfectamente que debían irse.

Su madre lo echó de menos, por no verlo a diario, pero siempre agradeció que su hijo se marchara en busca de una vida mejor.

Y lo hizo.

Y le salió bien.

Y tocaba el violín en algunas bodas para sacarse un dinerillo extra.

Y así es como vemos que sí se puede salir de un entorno hostil en el que todo son aparentes manjares que debemos repudiar para poder sobrevivir. Lo que yo aprendí de Yananai no lo aprendí de casi ninguno de mis alumnos. Su fuerza era más que bruta, inteligente, aunque de la bruta tampoco estaba falto.

Era un ser especial, con un brillo especial, con una inteligencia especial.

Especialmente único.

Hemos perdido la capacidad
de mirar con los ojos del corazón

La mayor falta de puntualidad
es llegar tarde a las personas.
G. MATEU

El fin de la educación es aumentar la probabilidad
de que suceda lo que queramos.
JOSÉ ANTONIO MARINA

«¡Me cago en mi puto padre! ¡Me cago en mi puto padre!».
Así eran a veces los días de Aimara.

Genio reconcentrado en una lámpara inhóspita e irreconocible por la mugre que la recubría no por el paso de los años, sino por el paso de las dificultades de su vida, que no eran pocas, ni muchísimo menos. Energía exacerbada que estaba siempre a punto de estallar como si de un cañón de confeti se tratase, era una bomba de relojería que en lugar de metralla tenía minúsculos trocitos de papel coloreado que se te podía meter por cualquier sitio. Era un nubarrón airado, gris y ceniciento a punto de desatar una ciclogénesis explosiva nunca vista. Era un cesto de lisonjas envenenadas por el sino que con desatino la llevó hasta arrecifes de coral donde las sirenas le cantaban, dejándose llevar hacia mundos soñados que la hacían sentir en una playa nada resbaladiza como era su vida, en la que siempre estaba cayendo o a punto de caer.

Aimara era un sol en medio de una niebla londinense: difícil de ver en su esencia.

Cuando llegué al centro y me dijeron que iba a ser tutor de ese grupo, nunca pensé que me encontraría a alguien como Aimara. Tampoco pensé que nuestra relación iba a ser así.

Aquel grupo era... pues como tantos grupos que he tenido. Allí había de todo: disidentes, padres y madres (que los había, aunque tuvieran quince años), drogadictos en ciernes, ladrones en potencia, karatekas, intolerantes, racistas, trapicheros, mafiosos en construcción y hasta curanderos. Todos eran buenas personas en el fondo, o casi todos; aunque también os diré que no eran más que fruto de sus particularidades vitales. Ese era su único problema. Su condena.

Aimara vivía con su hermana, recién casada y recién madre de un bebé de meses. Su hermana la protegía y la cuidaba con toda su alma, con todas sus fuerzas, pero Aimara era difícil de domar. Era cariñosa, divertida y con ingenio. Pero todo eso se truncó en el momento en el que se murió su madre; en el momento en el que su padre, borracho, ni se daba cuenta de ella; en el momento en que su hermano ingresó en la cárcel «injustamente» (decía ella) tras defenderse en una pelea y salir bastante peor parado que el otro.

Esos tres momentos fueron cruciales para ella. Igual que lo serían para cualquiera. Su hermana, Silvia, fue su hermana, su madre, su padre y su hermano a la vez que era esposa y madre de un hijo natural, y trabajaba, y sacaba la casa adelante... Silvia es una de esas heroínas anónimas que fluyen por la calle y te atienden en un centro comercial, pasando desapercibidas. Silvia era increíble. Y se desesperaba. Aimara era mucha Aimara.

Aimara era transparente. Si estaba eufórica la veías y la oías desde muchos metros de distancia. Si estaba enfadada o tenía un mal día… también. Yo tenía que filtrar sus partes (esas amonestaciones que ponemos los profesores y cuya acumulación conlleva una pérdida de asistencia a clase de diversos días lectivos), algunos los perdía también. Aimara empezó a respetarme, como dicen ellos. Era su forma de decirme que me tenía aprecio. Cuando sufría esas instantáneas y efímeras metamorfosis en un ser abigarrado de la galaxia más perversa, yo intentaba calmarla. Casi nunca lo conseguía, también es cierto, porque una vez que ella entraba en ese proceso, difícil era sacarla de ahí hasta que no se completaba el mismo. Como el increíble Hulk. Algunos esperábamos a que se le pasase, otros ponían partes y la expulsaban del aula.

De vez en cuando, jefatura me llamaba y me decía que debía llamar a su hermana Silvia para informarle de que se iba expulsada a casa. Fueron muchas las veces que tuve que hacerlo, más de las que me hubiese gustado, francamente. Ahí fue cuando empezó mi relación con Silvia. Y no, no estoy hablando de esa relación, me refiero a una relación de trabajo entre los dos para obtener lo mejor que pudiéramos de Aimara. Ahí fue, en esos ratos de «tu hermana se va expulsada», cuando conocí a Silvia, la heroína por excelencia. Porque, admitámoslo, su madre también había muerto, su padre también era un borracho y su hermano también estaba en la cárcel. Y, además, su hermana estaba expulsada cada dos por tres. Siempre amable, con una sonrisa, volcada en su familia propia y en su hermana. A veces casi desesperada, pero siempre buscando posibles soluciones y tratando de llevarlo lo mejor posible.

Una heroína.

Aimara era una bomba a punto de estallar en cualquier momento. Y no tenía ningún autocontrol. Sin embargo, le salvaba (además de que su hermana fuera su sombra), el hecho de que trabajaba (dentro de que era una alumna con pocos recursos académicos e intelectuales), hacía sus tareas de vez en cuando, y tenía un flojo ritmo de trabajo según el día y las cosas que hubiesen podido suceder. Y su tutor… también hizo mucho: no puedo ni debo dejarme atrás. Y, en el fondo, la jefatura también, aunque lo disimulaba. Estuvimos pendientes de ella sin cesar y la ayudamos en lo que pudimos. Y tal fue el caso, que conseguimos que aprobara segundo de ESO al igual que otros la ayudaron a pasar primero, limpia, con una asignatura pendiente, pero sin tener que repetir. Así que la propusimos todos para eso que llamaban diversificación (diver, para los amigos).

Cuando llegó el momento, la dirección se dio cuenta de que no podía entrar en ese curso específico, porque para ello, tendría que haber repetido primero o segundo de ESO. Así que debía ir a un tercero normal, con su biología, su física, sus matemáticas… vaya, una ruta suicida y sin Clint Eastwood[15] para protegerte. Sería su fin.

Llamamos a Silvia, vino a hablar y se lo contamos. Otro obstáculo más en su vida.

Parece una tontería, pero no entrar en diver era renunciar a todas sus posibilidades; era acabar abandonando el sistema escolar y terminar bajo un puente, que se suele decir; era tirar la toalla y no intentarlo más. En cuanto Aimara llegara a un tercero de

---

[15]   Por alusión a la película con el mismo título, *Ruta suicida,* dirigida y protagonizada por Clint Eastwood en 1977.

ESO normal, no iba a durar ni diez minutos. Y repetir segundo era castigarla igualmente.

Todos hablamos con la inspección y le dijimos lo absurdo de la norma. Sin embargo, no hizo mucho caso. Así que le dimos a Silvia algunas pistas y la enviamos a hablar personalmente con el inspector y volvió al día siguiente con una plaza para Aimara en diver. La alegría nos desbordaba a todos. Había sido, menos mal, un acto de lógica por parte de la inspección. Las normas son útiles para ordenar, coordinar, respetar y organizar, pero debemos tener claro que las normas son para el ser humano, y no el ser humano para las normas, como ya se dijo hace más de dos mil años. Las normas hay que saltárselas cada vez que sea necesario siempre que no sea en perjuicio de alguien. Pero cuando saltarse la norma solo implica mejorar la situación, benditos incumplimientos.

La inspección, por tanto, tras valorar los razonamientos expuestos por parte de todos, elaboró su respectivo informe en el que resolvía que Aimara podía acceder a dicho grupo específico de alumnos.

Dos años más le costó a Aimara poder llegar al final de su etapa educativa en secundaria. Dos años interminables para todos. Ya al final estuvo a punto de derrumbarse y abandonarlo todo. Estaba cansada, agotada, perdida y echaba de menos a su madre... y a su familia en general.

Cuando su hermano salió de la cárcel, se fue a vivir con él a su casa de toda la vida, donde siempre habían vivido. Sin embargo, había pequeñas etapas en que iba a vivir con Silvia, la generosa.

Entré en clase y estaba gritando: «¡Me cago en mi puto padre! ¡Me cago en mi puto padre!», mientras se reía sin cesar y lo escribía por todas partes en la pizarra:

«¡Me cago en mi puto padre! ¡Me cago en mi puto padre!» La verdad que me extrañó y me acerqué, incluso, con algo de miedo, ya que estaba especialmente eufórica, nerviosa, hasta con espasmos y movimientos muy raros de sus extremidades. La cara reflejaba una especie de estado de embriaguez. Le pregunté:

—¿Qué sucede? ¿Por qué gritas eso?

—Es que estoy muy contenta, maestro. Y yo cuando estoy contenta me cago en mi puto padre.

—¿En serio? Pero ¿tú es que odias a tu padre o se te va la cabeza?

—¡Qué desvarío, maestro, qué desvaríííooooo! —dijo con cara de poseída por el mismísimo diablo—. Ja, ja, ja, ja, ja, ja.

Y entre desvarío y desvarío, grito va, paranoia me vuelve… llegó a cuarto de ESO a través de un programa de diversificación. En todo ese camino estuvimos pendientes varios profesores, con una paciencia infinita. Yo, por mi parte, además, hablaba con Silvia de vez en cuando, me sentía obligado y ella lo agradecía mucho. Creo que era lo mínimo.

Y se graduó. Ya os digo que lo hizo. Allí estaba toda su familia. Toda, absolutamente toda (o toda la que no estaba privada de libertad y se encontraba con vida): padre, hermana, cuñado, sobrino, primos, tíos… Ella hizo de aquel momento su pequeño gran homenaje a su madre. Estaba más que emocionada, y quería compartirlo con su madre a su manera. «Maestro, esto se lo dedico yo a mi madre»; decía entre lagrimones que parecían hacer el descendimiento del Sella en su cara supermaquillada. «Di que sí, Aimara, di que sí».

Ese día, todo era agradecimiento, alegría, llanto… Silvia se me acercó para darme las gracias y yo, avergonzado, le dije que las gracias eran más para ella, que con todo lo que tenía acogió a su hermana, que estaba descontrolada, y se lo dio todo como una madre.

Aimara se fue, estuvo trabajando un tiempo en una cafetería de un familiar. En una panadería. Otra vez la cafetería. Iba y venía. Hacía y deshacía. Se seguía maquillando mucho. Pero se llevó mucho más que un título. Aimara se llevó lo que no había tenido en mucho tiempo. Seguramente tenga que trabajar eso en su vida. Un carácter así de fuerte, no tiene más remedio que salir adelante, pero a costa de muchas facturas reales y emocionales, eso lo tengo claro.

Durante dos o tres años me la crucé por la calle. Espero que tuviera una buena vida.

Aprendió a desenvolverse en un medio nada amable; aprendió a mantener unos mínimos de autocontrol; aprendió de la vida de la forma menos agradable; aprendió que, en ocasiones, estamos tan solos que todo depende únicamente de nosotros mismos y de lo que hagamos, así como de las decisiones que tomemos.

Pero lo aprendió. Y, en mi humilde opinión, creo que eso es lo que se llevó de su paso por el centro. Tuvo broncas, tuvo abrazos, tuvo apoyo y tuvo detractores. Y todo ello le hizo valorar realmente aquello que tenía y que aún no había perdido.

Perder a una madre en tu infancia debe ser una experiencia horrible, tanto como perder a un hijo, aunque no sea comparable, pues las dimensiones en que se mueve cada uno son bastante diferentes. Sí, creo que perder una madre a edad temprana (y, en definitiva, a cualquier edad) produce un sentimiento de desarraigo profundo, de abandono abisal, una sensación extrema que te puede llevar por los peores senderos del camino pedregoso que se te abre en esas circunstancias. Perder una madre puede llevarte a uno de los más grandes vacíos existenciales que se pueden producir en esta vida. La sensación de abandono real que puede acabar contigo si no estás fuerte, emocionalmente trabajado y medio sano en todas tus facetas. Miren el pobre Antonio Flores… Muchas personas pierden a su madre y salen adelante, como Aimara. Un cáncer de un año y medio. Su enfermedad se la llevó rápido, por decirlo de alguna forma: supongo que ver a tu madre que se va apagando se te debe hacer más que largo, larguísimo. Sin embargo, creo que también es cierto que cuando tienes doce años, un año y medio supone muy poco tiempo. Apenas el suficiente para intentar asimilarlo (aunque lo normal es que no lo asimiles) y hacerte a la idea de una despedida obligada que nadie deseó nunca. Un año y medio de agonía emocional que puede trastornar al más intrastornable, un año y medio de extinción sin ánimo, de apagarse todo hasta permanecer inerte en la oscuridad de la muerte; año y medio de abandono taciturno que se desvanece en ese sinsentido que vomita cualquier situación a los doce años.

Aimara escapó bien, su segunda madre, esa heroína de la que os hablé, hizo un sobreesfuerzo digno de dejar a la altura de una babucha a cualquier personaje de Marvel. Esas son las heroínas que me gustan, las que llevan un hijo en brazos o en un carro y siguen en su quehacer diario sin venirse abajo (solo aparentemente); esas heroínas que navegan a diario entre fuertes tormentas con olas de hasta ocho y diez metros, esas que te hacen rezar de verdad, de corazón, con lágrimas desgarradas. Esas, y no las heroínas con pecheras descarnadas que no tienen ni que ajustarse el traje de cuero. A diario hay miles de héroes y heroínas que pasan a nuestro lado, cerca, y ni nos damos cuenta, quizás porque no van rodeados de efectos especiales. No estoy en contra de esos otros personajes, de sus películas o de sus cómics, me gustan también, lo que pretendo decir es que a veces no sabemos mirar a nuestro alrededor de otra forma: una manera en la que percibamos y valoremos las hazañas quijotescas de cada uno, incluidas las nuestras. Hemos perdido la capacidad de mirar con los ojos del corazón. El vaivén diario y la celeridad a la que sometemos a nuestras células son enormes. Un viaje que creemos y creamos como un conjunto de normas consuetudinarias que damos por válidas solo porque están refrendadas por el común de los mortales que viven ignorantes en su cápsula de Matrix, sin reconocer, ni saber ni tan siquiera poder o querer hacerlo; porque la vida es mucho más cómoda con la píldora azul, esa que te sume en la más grande y placentera de las ignorancias.

Otras personas no pierden a su madre porque ni siquiera tuvieron la sensación de tenerla. En mi trabajo estoy harto (y sí, llega un momento en que la sensación que me produce es de hartazgo) de ver chicos y chicas abandonados a su suerte en su cometido diario. Jóvenes a los que nadie les presta ni mucha ni poca atención; adolescentes que están en una casa como pudieran estar en un centro de acogida; muchachos que se evaporan en un sindiós abocado a la vorágine familiar en la que conviven a duras penas mientras se oye el rechinar de dientes entablados en alguna lucha interna que tiene todas las de perder. Quinceañeros que palidecen el cuadro de su vida a límites insospechados porque nadie les ha sabido dar o explicar lo que es el color. Chicos que se desdibujan en su propio cómic, dónde el héroe es, por definición, un antihéroe, un personaje corrupto, ignorante o maltrecho que vaga igual por un mundo asfixiante.

En ocasiones, estos últimos son los que peor lo llevan, creo. Aunque cada caso es un mundo, pues cada persona es un mundo en sí misma y en él lleva toda la fuerza necesaria para salir extasiado hacia lugares desconocidos hasta ahora. En mi trabajo creo haber visto de casi todo, y cada vez que me encuentro un caso que me asombra me llevo las manos a la cabeza, pues nunca imaginé que algo así podría suceder. Es como cuando una policía nacional, pongamos que se llama Lorena, me dijo en cierta ocasión: «La noche, ja, la noche… La gente es mejor que no sepa cómo se mueve la noche a diario. La gente es mejor que viva en su ignorancia, créeme, la noche no se la deseo a nadie…»[16]. A mí me sucede igual. Cada caso es un descubrir que la realidad supera a la ficción y nadie sabe por qué. No alcanzamos a entender el porqué de la sinrazón, pero está ahí, y hay que sobrellevarla sin que eso suponga una carga a nuestra espalda, porque debemos vigilar nuestra espalda para que esta no dé de sí al igual que todo lo demás. Y se conocen muchas historias si te involucras, si hablas, si recuerdas a diario que trabajas con personas que, como tales, ríen, sufren, lloran, disfrutan, comen y van al baño a diario.

Aimara… y «su puto padre» (con perdón, que yo no tengo nada contra él). Aimara salió bien para toda la pesada mochila que llevaba encima. Aimara salió bien de allí. Y Silvia, su verdadera y única tabla de salvación a la que siempre se agarrará, porque fue, es y será siempre su segunda madre. Y eso no lo podrá cambiar nada en este mundo en ninguno de los dos sentidos en que ellas establezcan su relación hasta la muerte.

---

[16] Aún recuerdo a la policía nacional que me lo dijo. Era inteligente y comprometida con su profesión.

Prostituyendo una sonrisa
por desesperación

Para educar a un niño hace falta la tribu entera.
PROVERBIO AFRICANO

Cristina iba volando bocabajo, sin frenos ni paracaídas, por el vacío, y en dirección al bofetón más grande que se iba a llevar en lo que había sido hasta ahora su vida.

Ese fue el preciso momento en que yo la conocí un poco más de cerca, apenas un par de meses antes de lo que fue su calvario, que le dejó el alma en carne viva. Y sentir el agradecimiento por no acabar en cenizas de milagro. Emoción pura y maltrecha que nunca encontró el canal adecuado para transmitir.

Cristina, morena de pelo rizado y ojos negros, dicharachera y absolutamente descentrada de todo lo que ella no considerase importante y, además, en mi humilde opinión, eso era bueno para ella. Estudiaba regular, atendía cuando le interesaba y trabajaba cuando le apetecía o le era agradable… vamos, lo que deberíamos hacer la mayoría (independientemente de que tengamos catorce o treinta y cuatro años). Cristina era una persona alegre y, sobre todo, muy cariñosa. Casi todos los días que entraba en mi clase, de las primeras cosas que hacía era venir hacia mí y pedirme un abrazo. Era así… como un osito de peluche que siempre necesita achuchones, esa era Cristina. Y me gustaba que fuese capaz de pedir los abrazos sin temor a ser rechazada o a la vergüenza de tener que pedirlos. A mí, ¡con lo que soy yo de abrazoterapia! Que no me lo han pedido y ya estoy recolgado de quien sea.

Le costaba mucho estudiar y seguir el ritmo de las clases. Y también es cierto que eso le pasaba desde el momento en que sus padres empezaron a no llevarse bien. No se llevaban mal, lo que sucedió es que empezaron a llevarse no muy bien del todo.

Ese entretiempo matrimonial terminó con que su padre, de buenas a primeras, decidiera irse a vivir solo a otro piso. Así, sin decir ni mu, sin avisar. De repente, ya no estaba.

Iba casi a diario a verla. Se sentía culpable, el padre quiero decir. Ese sentimiento de culpabilidad se extendió como una gangrena. No supo canalizar ese sentimiento que le arrastró a los suburbios mentales más tristes a los que puede irse uno de paseo en plena vorágine emocional incauta, de esas que te desvalijan la vida. Su metástasis de culpabilidad afectó tanto a su vivir que, de repente, dejó de lado todo contacto con su familia directa: mujer e hija.

Con el tiempo, también descubrimos que ese señor tenía una enfermedad degenerativa. Y esa enfermedad tampoco supo asumirla de la forma más adecuada para él y para los que le rodeaban y le querían. Ni su mujer e hija supieron lo de la enfermedad hasta que no pasó casi un año. Le dijeron que podía volver, que ellas le cuidarían… y entonces fue cuando chocaron contra una educación inmovilista (una que yo más bien denominaría, con todo el respeto, como *inmovitonta*), machista y retrógrada. Él no supo en ningún momento reaccionar de forma respetuosa para todos, no quería que nadie le ayudara; a él, que era el hombre de la casa, le resultaba más fácil, a la par que dañino, huir, que nadie percibiera sus miedos, su rabia, su odio por todo lo sucedido y sin saber canalizarlo. Ese reconcentrado explosivo, ese que iba guardando en el ápice de la lengua y no conseguía escupir, le reventó en la cara, sin más.

Se mezclaban tantos elementos en ese cóctel molotov que se había ido gestando durante años, que aquello les estalló en la vida a todos sin perjuicio de las intenciones buenas o regulares que tuvieran cada uno de ellos en sus respectivas y diferentes situaciones. Y la explosión dejó heridos y damnificados, moribundos y daños colaterales, que también son daños, aunque en determinados entornos intenten hacernos creer lo contrario.

A este momento me refería cuando escribí antes que conocí yo a Cristina, ese salto al vacío en el que ella bajaba vertiginosamente y sin red, como no podía ser menos. Con catorce años hay caídas para las que no estás ni puedes estar preparado, porque hay caídas que no deberían producirse siquiera.

Cristina perdió el norte. Igual que perdió el sur, el este y el oeste. De repente, de ir todo bien, descubre que su padre se empieza a poner más irritable, que se va, que deja de verlo, que descubre que se va a morir… Son muchos descubrimientos para tan poco tiempo y para tan corta edad.

Y a ella lo único que le queda, aunque de forma inconsciente, por supuesto, es el rechazo. El rechazo de un padre que no supo gestionar bien sus sentimientos, esos que le llevaron a retirarse del mundanal ruido para no entorpecer, haciendo, sin querer, todo el daño posible e inexorable que repercutió directamente en la vida de su hija y de su mujer (entre otras), que para nada fueron daños colaterales.

Cristina entró en una espiral horrible de llamadas de atención. Una espiral en re menor y con un ritmo *in crescendo* que acabó en todo un espectáculo wagneriano de fuegos artificiales.

Su situación era incendiaria y como tal debía terminar. En una situación similar, honestamente, no tengo idea de qué podría haber hecho yo. Siempre doy gracias por la vida que llevo. Soy afortunado, en algunas etapas he tenido historias realmente terribles, pero he tenido las suficientes herramientas para buscar una rendija y salir adelante lo mejor que he podido y sabido, según las circunstancias del momento. A diario doy gracias por todo eso. Y de vez en cuando una palmera de chocolate o un Tigretón, como diría mi amiga virtual Irene. ¡Qué menos!

Cristina dejó de estudiar porque no se concentraba y, además, en el fondo, estaba empezando a llamar la atención sobre todos los que tratábamos con ella a diario. Aquello era una señal de que algo no funcionaba. Una alumna que lleva sus cursos medio decentemente (sin momentos brillantes) y que, de repente, cae en picado, es porque algo que ha sucedido le ha hecho cambiar las pautas fundamentales en su vida. Señales a las que deberíamos estar atentos todos los profesores. A veces son ínfimos zumbidos de mosquito en una noche de verano, pero hay veces en las que nos dan bocinazos de cruceros que se echan a la mar. Y para los dos tipos, un profesor debería estar preparado.

Cristina comenzó a no realizar ninguna tarea, a no traer nada al instituto.

Cristina comenzó a acumular suspensos como ristras de chorizos en una carnicería.

Cristina comenzó a acumular amonestaciones y hasta alguna expulsión.

Era evidente, algo pasaba.

Fue cuando descubrimos toda la historia que acabo de relataros sobre su padre y su madre. Quizás fue tarde. Llegamos tarde y ella cayó más en picado de lo que nos hubiera gustado y tocó lo más hondo que pudo haber tocado una persona de catorce años.

Seguía buscando abrazos desconsoladamente. Seguía con su sonrisa, pero ya no era la misma, ahora era la sonrisa desesperada de quien pretende comprar algo de cariño y atención a cambio de ella, de la sonrisa. Su sonrisa era un reflejo del pensamiento de Sören Kierkegaard cuando decía que las palabras del humorista son las hijas de su dolor. Así era esa sonrisa. Daba más pena que alegría verla de esta guisa, implorando como un mendigo a la puerta de la iglesia. Y yo le concedía esos momentos de sentirse apreciada, la valoraba, la apoyaba, le reía sus gracias y le decía que ella era más que todo eso, que esto no era más que una racha. Sin embargo, acabó prostituyendo su sonrisa por pura desesperación desangelada. Sentía un vacío enorme tras el abandono de su padre y todas las circunstancias colaterales que rodeaban la situación en la que ella ahora estaba anegada hasta el cuello. No juzgo al padre, no, nada más lejos de mi intención. Lo que reclamo es la inversión de todo el tiempo y dinero necesario para la salud mental y emocional de las personas, para que no acaben en caminos enzarzados de los que no se sabe salir por más que tires hacia atrás.

Y llegó el día D, no el del desembarco de Normandía, sino el día «de vaya por Dios, cómo hemos llegado a esto».

La conserje del centro entró en mi despacho y me dijo que si podía atender a la madre de Cristina, que venía muy nerviosa porque había pasado algo muy gordo y necesitaba contármelo con mucha urgencia.

Yo ya había recibido la llamada de la policía nacional hacía menos de una hora, así que le dije a mi querida Ana que le dijera que pasara a mi despacho.

La tarde antes, su hija, haciendo el tonto con unos amigos (uno de ellos, incluso, era compañero suyo del centro) se fue a un lugar en el que refugiarse de la luz, un callejón cerca de nuestro centro (a escasos ciento cincuenta metros), donde la oscuridad de una tarde de invierno podía darles la cobertura que necesitaban para su fechoría.

Empezaron con momentos de bromas, de fotos, de vamos a grabar esto, qué guay, ji, ji, ji y ja, ja, ja, hagamos un vídeo y lo ponemos en YouTube… Y ahí fue donde Cristina, por sentir un rechazo falto de cariño, decidió, inconscientemente, prostituirse en busca no de dinero, sino de cariño y de aceptación. Y lo que empezó como una broma fue degenerando en un rito báquico donde esta vez mandaban los hombres[17], como si hubieran salido de una película de Roman Polanski en su etapa más turbia, o, casi peor, la etapa paranoica de Lars von Trier.

Los chicos empezaron a maltratarla como de broma, como si aquello fuera divertido, mientras grababan toda la escena con un móvil que seguro estaba igual de aterrado que los demás cuando tuvimos la oportunidad de descubrir toda la historia. El ritmo siguió hacia su punto álgido cuando uno de ellos sacó una garrafita de aceite de motor de coche y empezó a echársela por encima mientras los demás reían como drogados y extasiados al ritmo de la adrenalina que les subía sin cesar, alcanzando cotas nunca imaginadas por ellos. La emoción los embargaba de forma irracional mientras aplaudían y animaban al chico a seguir echando la sustancia sobre su pelo, su cara y su ropa de forma indiscriminada mientras ella trataba de revolverse tras darse cuenta de que aquello sobrepasaba la broma. Pero ya era tarde.

---

[17]   Y «por esta vez» me refiero no a la vida real, sino a los ritos báquicos.

Y fue entonces, fue solo entonces, en ese preciso instante, cuando al chico del aceite se le ocurrió la brillante idea de sacar de su bolsillo un mechero. Un flamante y flameante mechero que pretendía prender entre sus dedos al tiempo que se acercaba a su presa, a aquella chica impotente, apresada entre otros animales de caza que salivaban como víctimas de los perros de Paulov; aquella chica se veía impotente mientras se le acercaba el comité olímpico para prenderla como una antorcha, un miércoles por la tarde noche, escondida en un callejón, a apenas quinientos metros de su casa. Y ahí fue cuando ella, en lo más profundo de su corazón, descubrió la venta perversa de su alma en la que había estado inmersa y con la que había estado jugando, al igual que ahora su furtivo amigo jugaba con fuego.

Suerte que era día laborable y, por tanto, debían de trabajar los ángeles guardianes, aquellos que infundieron el suficiente valor a su compañero de instituto como para frenar al presunto pirómano, enfrentarse a él, hacerlo entrar en razón (aunque fuera a medias) y ganar el suficiente tiempo de distracción como para conseguir quitarle el mechero y que Cristina pudiera huir mientras perdía un aceite que no le correspondía.

Diez minutos después de aquello, el vídeo estaba ya colgado en YouTube para las risas, el escarnio y el disfrute de todo aquel que quisiera pasar un buen rato[18] viendo cómo intentaban prender fuego a una pobre chica de catorce años. Aquel desnaturalizado y aberrante vídeo tuvo un montón de visitas en apenas unas horas. Los chicos son así y están capacitados tanto para ponerse de acuerdo en un evento o similar como para expandir algo por

---

[18] Nótese la ironía.

las redes sociales; resulta raro, pues, verlos cómo se dejan dominar constantemente durante varias horas en sus centros escolares o en sus casas, donde se sienten incapacitados para cualquier reacción que no sea la explosiva tras mucho tensar el elástico en el que practican el funambulismo. De ahí, yo creo, de esas tensiones escolares y caseras, es de dónde proviene luego todo este desfogue necesario de maldad que profesan algunas personas.

Allí, en mi despacho, oyendo a la madre de Cristina contarme todo aquello, las lágrimas se me saltaban sin poder evitarlo. Su hija estaba bien, físicamente me refiero y, por supuesto, todo lo bien que se pudiera estar después de una experiencia como aquella. Me contó que ya la noche anterior, cuando su hija llegó a casa y se lo contó, ella vio el vídeo y acto seguido se dirigió a la comisaría más cercana para poner la denuncia oportuna. La policía bloqueó el vídeo para que ya no se pudiera ver más e inició la investigación correspondiente para detener a los chicos. La policía informática es un cuerpo que funciona estupendamente.

Su compañero de instituto, ese que, al ver que la «broma» iba más en serio de lo que él pensaba, la defendió y evitó su enterramiento en una pira, se llevó una fuerte sanción, no más. De los otros chicos, como no los conocía ni sabía de ellos, apenas me enteré de qué pasó. El presunto pirómano era mayor de dieciséis años y tenía antecedentes, así que lo llevaron a un centro de menores. Los otros dos, ni idea. Su compañero de insti se salvó por la misma grabación, en la que la policía veía cómo se peleaba con el otro para evitar que le prendiera fuego.

Cristina se dio cuenta esa misma noche de que el cariño no se compra ni se vende, que el cariño se tiene si tienes suerte o no se tiene, pero que no tienes que forzar nada ni vender tu sonrisa para que otros te aprecien, te escuchen, te sigan, te acepten o se gaster su dinero contigo. Fue una lección muy dura; fue, sin duda, la peor lección que uno puede aprender a esa edad, pero aprendió. No me alegro de que sucediera, pero lo cierto es que ella frenó su ritmo vital de compraventa personal.

Por otra parte, ningún niño debería tampoco sentir la necesidad de ver cómo alguien sale ardiendo mientras lo graban. Ninguno. Esas sensaciones están enraizadas con eventos tan profundos y mecanismos tan complejos en su inconsciente que no es siquiera inteligible para mentes como la mía. Es duro reconocerlo, pero cierto es que nunca podremos llegar a entender dichos comportamientos desde una reflexión racional en la que navegamos sin darnos cuenta. Solo entrando en los imbricados y los complicados nexos de unión neuronal que perviven en esas personas se podría uno acercar a vislumbrar algo de por qué sucedió.

Cristina salió bien parada para lo que podía haber sucedido. Intentó remontar, pero cuando el lastre es tan grande, por mucho aire caliente que tenga tu globo… vas medio arrastrando la barquilla por todos los riscos que te encuentres. Y así fue ella, deambulando por el hilo temporal de su vida como mera espectadora en muchas de las ocasiones, sin sentirse capacitada para tomar las riendas. Con total seguridad, se terminará de prostituir por un amor que será o no real, pero que a ella le dará la templanza y la confianza que ha necesitado durante años. Quizás nunca llegue a descubrir lo fantástica persona que era y la maravillosa sonrisa que tenía, espontánea y fresca como agua de rocío en primavera antes de que le sobreviniera todo este cúmulo de despropósitos.

Y seguramente los profesores estarían pendientes de ella, sí, y pendientes también de que aprobara matemáticas, lengua, inglés, ciencias, historia… como si a ella eso le importara mucho o le fuera tan vital para sobrevivir. Y es que los profesores, muchas veces, más de las que nos gustaría, perdemos también el norte. Y el sur, el este y el oeste. Ella había vivido en sus carnes la historia de una lengua que casi la abrasa científicamente al son de un mechero que matemáticamente le prendería las ingles. Eso era lo que ella debía haber trabajado. Y no se lo dimos. No pudimos. No supimos. Fue un error.

Sin embargo, el potencial de Cristina es tan grande y perverso a la vez que, ahora, años después de aquello, no me extrañaría que hubiese podido salir adelante. Estoy convencido.

Cristina es de esas personas cuyo destello deslumbrante pondría nervioso al más pintado.

Y ese destello seguro perdura aún hoy en alguna parte. Ojalá. Es mi deseo.

Espíritus de la indefinición
en los que nadie se fijó

*La educación es el arma más poderosa
que puedes usar para cambiar el mundo.*
NELSON MANDELA

*Siempre he sabido que en el fondo del corazón
de todos los seres humanos hay misericordia y generosidad.
Nadie nace odiando a otra persona por el color de su piel, su
procedencia o su religión. El odio se aprende,
y si es posible aprender a odiar es posible aprender a amar.*
NELSON MANDELA

Cierto día de otoño, estaba yo en mi clase tan felizmente distraído con mis alumnos, intentando trabajar algún concepto con ellos o haciendo como que lo hacíamos, cuando llaman a la puerta y me encuentro a la orientadora con una joven muy guapa con la mirada como entrecortada, que, de pronto, dirigió hacia abajo. Poco antes me había dicho la directora que hoy vendría alguien de no sé qué asociación para hacer una encuesta entre los chicos.

—Hola, te presento a Li —me dijo la orientadora del centro, Pilar.

—¡Ah, sí! Pasa, supongo que eres quien viene a hacer las encuestas a los chicos.

Esa mirada lánguida subió un poco para mirarme, escondida tras una leve y preciosa sonrisa consumida y, entonces, dijo la joven:

—No, yo soy una alumna nueva.

—¿En serio? —comenté yo—. Pero ¿qué edad tienes? ¿No eres más mayor?

—Es que he *lepetido valias* veces[19].

Tras eso, la orientadora, en realidad, me explicó que solo venía a presentármela. Yo no le iba a dar clase, pero como sabía cómo era yo, quería que tuviera en cuenta esta nueva presencia en el centro.

Días más tarde, estaba en el patio con eso que suelen llamar «vigilancia» y que a mí me suena horrible. Es más, en mi centro casi todos le llamamos simplemente patio. «¿Vienes a la cafetería? No, tengo patio». Pues bien, estaba yo un día de esos de otoño típicos, algo oscuros, con muchas nubes, pero ni una gota de agua y con un poco de aire de ese que sopla fresco y suave sobre nosotros. Un airecito frío que, en realidad, te acaba secando y cortando la piel de la cara. Y así, vi a Li en el patio, sola, con una cara que destilaba tristeza por los poros. Me acerqué y empecé a hablar con ella como si nada. Y va y me espeta:

—No quiero estar aquí. Odio este sitio.

—Pero si solo llevas cuatro días, Li, aún no te ha dado tiempo a ubicarte. Date tiempo. Y no te acerques ni a Johny ni a Iván, no te harán bien. Créeme —le dije mientras le sacaba otra triste sonrisa de su cara. Con estas palabras no pretendía ofender a los

---

[19]   No es una burla, sonó así. A partir de ahora transcribo todas sus palabras al castellano.

otros chicos, pero es que ciertamente se jugaba que le tocaran el culo o cualquier otra parte del cuerpo; mejor no dar muchas confianzas de entrada y estar atenta.

—Es que no conozco a nadie y me han separado de mi hermano. Mi hermano es todo para mí. Y él va a otro instituto.

Entonces comprendí.

—¿Vienes de una casa de acogida?

—Sí.

—Y tu hermano va a otro centro diferente. ¿Es mayor o menor?

—Mayor. Él tiene diecisiete, yo dieciséis.

—Dieciséis son muchos para estar en segundo de ESO.

—Es que nunca he estudiado. Repito sin más.

—Pues pareces bastante inteligente.

—¿Sí?

—Sí. ¿Y cómo has acabado en una casa de acogida? ¿Qué te ha pasado?

—Mi padre murió cuando yo tenía unos cuatro años. Lo echo mucho de menos, apenas lo conocí.

—¿Y tu madre?

—Mi madre… Prefiero no hablar de ella. No nos llevamos bien.

—Debe de ser más que no llevarte bien, porque estás en una casa de acogida. Tú… y tu hermano. Pero no me lo cuentes si no quieres. ¿Tenéis más familia? ¿No tenéis más opciones de personas con las que vivir?

—No. Solo tenemos familia en China, pero prefiero morir antes que volver allí. Él es muy fuerte y yo muy guapa, están deseando que vayamos para así vendernos y sacar un buen dinero.

Llegados a este punto, sentía cómo me faltaba el aire para poder respirar bien. Una persona que se queda sin padre, que no se lleva bien con su madre (por decirlo de alguna forma) y que el resto de su familia estaría dispuesta a venderla a cambio de dinero.

Dieciséis años.

¡Pero qué vida más miserable, por Dios!

Seguimos charlando:

—Pues lo siento, Li. La verdad que hay gente a la que le toca la lotería y se lleva unos cuantos millones y hay gente a la que le toca una vida como la tuya o que se mueren de hambre o desesperación en medio de la nada. De veras, lo siento mucho.

—Gracias. La verdad, sí que es una mierda.

—Pues todo aquello en lo que te pueda ayudar y necesites, no dudes en pedirlo. Me buscas y me dices lo que sea, aunque solo sea charlar.

Yo siempre les digo, en principio, lo de charlar acompañado de la coletilla «aunque solo sea», porque en realidad ellos lo ven como algo que no es del todo importante. No sienten que lo importante sea hablar, sino tener una familia o dinero o novio… o lo que sea. Yo le quito importancia, aunque realmente soy consciente de que es lo más importante: escuchar para que se sientan escuchados. Escuchar para que sientan que son importantes, al menos, para alguien (aunque ese alguien no sea de su propia familia, que sería lo ideal).

Los meses pasaron y Li se iba adaptando muy bien. Una chica guapa, muy simpática y con buen corazón. Era una chica que caía bien y que, poco a poco, iba tomando las riendas de su vida con responsabilidad. Se rodeaba de muy pocas amigas y muchos chicos se le acercaban e intentaban charlar con ella. Ella los dejaba, pero siempre marcaba muy bien sus límites. En su nueva casa comenzaba a estar más a gusto, se relacionaba mucho con su hermano en esos ratos y las educadoras, psicólogas y directora de la casa estaban muy contentas.

Creo que, por primera vez, de forma consciente, se sentía querida y apreciada por todos los que la rodeaban (o la mayoría). Sus horas y ratos de estudio avanzaban a una velocidad vertiginosa, hasta en el recreo se la podía ver con apuntes o libros. Iba aprobando, algo que no sucedía desde hacía años. Iba sacando, incluso, buenas notas. Terminó el curso con todo aprobado y muchos notables y sobresalientes.

Me acerqué el día de las notas para darle la enhorabuena y decírselo también a la educadora que vino a recoger dichas notas. Esta mujer me dio las gracias y me dijo que ellas estaban también muy contentas con ella y con un grupo que tenían ahora en casa. Por cierto, que de ese grupo, cuatro estaban en mi centro. Y todas eran buenas niñas. No como Li, pero sí muy buenas.

Pasó todo un verano hasta que volví a ver a Li en el centro. Me paró en el patio y me dijo que como su hermano cumplía dieciocho al año siguiente, que se iría de la casa de acogida. Y que ella estaba muy angustiada. Charlamos un rato.

Este curso sí que le daba clases. Era realmente una gran alumna. Además, estaba en una clase que podríamos definir delicadamente como que era imposible, una clase de esas en las que no se podía hacer absolutamente nada. De veintiocho que eran, unos quince estaban completamente asalvajados, y con eso quiero decir que se ponían bolsas de plástico en la cabeza con agujeros para los ojos y la nariz mientras cierta profesora les daba clase, personajes que escupían al abrigo o al bolso de su profesora más odiada… Asalvajados quizás sea poco para algunos de ellos, que se encontraban en los prolegómenos del crimen organizado. Otros ocho eran indiferentes a todo: a que escupieran, a los estudios, a sus compañeros… y cinco intentaban salir adelante en medio de tanta hecatombe académica. Una de esas cinco personas era Li. Y, desde luego, lo intentaba. Dentro de su adolescencia injusta y abandonada, era su propósito: salir adelante.

Y llegó el día. El día en que al entrar en clase vi que estaba echada de mala gana sobre la mesa. Solo la miré y le sonreí. Y pasé lista, como todos los días que entraba en esa aula, sobre todo en esa aula, porque nunca tenía el aforo completo, solían faltar unos ocho o diez alumnos cada día, aunque muchas veces no eran los mismos que el día anterior.

Cuando terminé de pasar lista y de abrir el archivo necesario en el ordenador de la mesa del profesor, entonces, ella me miró y me dijo: «Maestro, estoy muy mal». En ese instante quedó todo interrumpido. Le dije que si quería que habláramos fuera en el pasillo o en el recreo o qué necesitaba. Y me dijo que mejor ahora, ya, y en el pasillo.

La charla apenas duró unos cincuenta y cinco minutos. Y entiéndase el matiz irónico sobre el término «apenas».

Resulta que a su hermano, que estaba a punto ya de cumplir los dieciocho años, le habían denegado un piso de esos que dan a jóvenes en este tipo de situaciones. Y entonces Li estaba muy agobiada porque al ser así y tener que irse de la casa de acogida, el juez dicta, de momento, que lo mejor es que estos dos hermanos se vayan a su país o que se vuelvan a vivir con su madre. Y entonces, en el día de hoy, le pincho un poco más por el tema de su madre y me cuenta sin tapujos que su madre los maltrataba física y psicológicamente. Al parecer no andaba muy bien, como cualquier padre o madre que maltrata a sus hijos de alguna forma. No hablamos de un grito esporádico, ni siquiera de un grito al día, no, hablamos de persistencia en el tiempo y en el descontrol. Hablamos de pegar, de gritar, de insultar. Hablamos de una madre que llama a sus propios hijos como «hijos de puta», que les grita que no estudien, que son unos egoístas que solo piensan en ellos, que primero tienen que fregar y arreglar la casa y que ya estudiarán si hace falta[20]. Estamos hablando de algo continuado en el tiempo.

Hablamos de dos jóvenes adolescentes de catorce y dieciséis años que, hartos de la situación, fueron, con toda su inocencia, a la comisaría de policía más cercana de su casa para preguntar al agente de turno que si, por ejemplo, solo un ejemplo, su madre les pegara o insultara, qué se podría hacer. Tras la explicación del señor agente, le dieron las gracias y se levantaron con intención de irse. Sin embargo, el agente no les dejó marcharse, les explicó que con todo lo que le habían contado, él no les podía dejar ir, que eso no era solo un ejemplo y que ellos no deberían irse. No obstante, los chicos, más aterrados que asustados, le pidieron y rogaron casi llorando que no, que por favor no fueran a su casa, que les dejaran ir. El agente acordó con ellos que les daba hasta el lunes de la siguiente semana, de lo contrario, mandarían a una patrulla.

---

[20]   Y ella lo sufría más porque era niña, del género femenino quiero decir, y aún hay un lastre muy grande en nuestra sociedad con este tema. Aún hoy muchos alumnos se sorprenden de que yo, un hombre, saque la basura o compre, cocine y friegue los platos y de que a eso no le llame «ayudar en las tareas», sino simplemente, «hacer las tareas».

La tía de una amiga de ella trabajaba en los servicios sociales de Granada, donde vivían, y fue la que les aconsejó y asesoró durante la iniciación de todo un proceso.

Volvieron a comisaría, pero esta vez con el apoyo de los servicios sociales. Estando declarando en una sala, al abrirse la puerta, se oyó la voz de la madre (que se encontraba, al parecer, en una sala contigua o, cuando menos, cercana). Me contaba Li que, en ese momento, los dos, más aterrados que asustados, se escondieron detrás de la puerta de forma instintiva. Li me contaba que solo oír la voz de su madre ya le daba repelús.

Pero qué clase de mundo es este en el que a un hijo le dé tanto miedo solo oír la voz de su madre (o su padre).

Declararon todas las partes que tenían que declarar, y ellos acabaron en otra ciudad, en una casa de acogida, donde ahora estaban centrados, se sentían queridos, arropados, los defendían y apoyaban en sus decisiones, donde se sentían acompañados y respetados.

Y ahora, me contaba Li, debía tener un encuentro con su madre, a la que no quería ver ni oír, para ir entablando contactos tras más de año y medio sin tener siquiera algún tipo de roce físico, virtual o imaginario. Ella no quería encontrarse con su madre y, menos aún, volver a casa. Temblaba mientras me lo contaba y lloraba desconsoladamente.

—¡No quiero, maestro, no quiero irme a vivir con ella! No quiero volver a lo de antes. No quiero estar sin estudiar. No quiero estar sin dormir, pensando en qué hará o dejará de hacer esa mujer.

Me sorprendía que no hablara de ella como su madre, para ella era como una extraña que se le había colado en su casa y la tildaba de «ella», «esa mujer» y otras palabras parecidas.

—Li —le dije mientras la cogía de los hombros—, debes tener claras varias posibilidades: una de ellas es que si el juez te obliga a vivir con tu madre, no debes esperar dos veces a que te haga algo, deberías ir a denunciar enseguida.

—Ya, pero es que no quiero volver a empezar el proceso otra vez, me interrumpió.

—Me lo imagino. Sin embargo, si te obligasen, no lo pienses ni una sola vez. Vas y denuncias en el primer momento que suceda algo malo. Además, debes tener muy claro que tú estás por encima de todo eso. Eres una chica guapa, muy inteligente, cariñosa, sonriente… y no debes dejar que eso te afecte como para no mostrárnoslo a los demás. Sufrirás mucho, sí, llorarás y te sentirás mal, pero debes tener claro que tú no eres eso, tú estás por encima de todo eso. Cuando te empieces a hundir (si es que llega ese momento) recuerda cómo has estado en este año.

»Te tocó una mierda de lotería. No es justo que te quedaras sin padre y que tu madre te maltratara, es una mierda, sí, eso ya lo sabemos; ahora toca seguir. Hay muchas personas que te queremos y te apreciamos por cómo eres realmente.

—¡Pero es que eso es muy difícil!

—Ya, lo imagino, casi imposible, pero yo solo quiero que lo recuerdes.

—La semana próxima tengo una cita a solas con el fiscal de menores, para hablar del tema.

—Pues apunta en una hoja todo aquello que quieras y veas supernecesario decirle. No olvides nada. Escribe en una hoja todo. Y si es necesario, te la llevas y la lees. Y recuerda que llorar no es malo, si te pones nerviosa y empiezas a llorar delante del fiscal, da igual, solo es una persona, y llorar es bueno, no te lo guardes.

A veces, desde pequeños, se nos dice constantemente que no lloremos, que nos callemos… y eso es un gran error. Llora cada vez que te haga falta, siempre que sea un llanto sincero y humano. Llora, aunque estés a solas, delante de un fiscal o del Papa de Roma. Mostrar tus emociones te hace vulnerable, pero también más fuerte y centrada. Te hace conectar contigo misma y te ayuda a canalizar emociones muertas que podrían paralizarte para el resto de tu vida. Mira dónde estás, mira dónde has llegado, mira tus notas, mira tus amigos… Párate a pensarlo un momento. Y ahora piensa en algunos de tus compañeros, piensa en la cantidad de gente que, en principio, vive en mejores condiciones que tú, y están mucho peor, porque no saben canalizar sus emociones y no saben responsabilizarse de sí mismos. Tú eso lo tienes más que superado. Has madurado antes de la cuenta y a golpes, aprovecha toda esa basura para seguir creciendo, no para hundirte en la charca. Pasarás malos momentos y eso no es malo en sí mismo, es jodido, pero luego pasa. Y pasa porque tú estás por encima de todo eso. No lo olvides nunca, Li. Vive de esa energía que tienes y llegarás al lugar que quieras, lograrás lo que quieras.

—Quiero estudiar en la universidad. Quiero ser educadora social.

—Normal. Suele ser frecuente. Y nadie mejor que tú, que lo estudiarás y que lo has vivido, para guiar, acompañar y ayudar a otros en situaciones parecidas a la tuya.

—Gracias, maestro.

—A ti.

Medio abrazada a mí y llorando, se secó las lágrimas que le rodaban por la cara. Volvió a darme las gracias. Seguidamente me dijo que la próxima semana, cuatro días después de hablar con el fiscal, tenían programada una cita en un lugar neutral con su madre: ella, su hermano, alguien de menores y alguien de su casa para ver qué tal iba ese primer encuentro.

Sonrió, con esa sonrisa suya tan genial que tenía, y entró de nuevo en clase.

Apenas cincuenta y cinco minutos charlando en el pasillo. Ella desahogada… y sus compañeros también, porque no tuvimos clase ese día.

El tiempo pasó. Yo seguí dando mis clases lo mejor que podía y me permitía el cambio de estación. El otoño se me vino encima como un camión al que no ves venir si decides cruzar la calle mientras mandas un WhatsApp, aunque yo nunca lo he hecho, por cierto. Había pasado ya una semana cuando Li me dijo por el pasillo que no iba a tener que ver a su madre, que estaba más tranquila, porque le habían dicho que su madre se había ido a Portugal a trabajar. Me alegré aparentemente por ella. No porque no me alegrara o fuera mentira, sino porque, en el fondo, no era motivo de alegría, aunque así ella estaría y viviría una temporada con más tranquilidad.

A pesar de todo, lo que a mí me quedaba en la cabeza era la idea de qué hace que una niña de dieciséis años, tras dos años y medio sin contacto alguno con su madre, se alegre de que su madre se vaya a otro país y así pueda seguir sin verla. Siempre se ha dicho que la madre de uno es lo más sagrado, lo más respetado… mis alumnos, con perdón por ser literal, se cagan en sus muertos y en sus vivos a diestro y siniestro constantemente, pero las madres ni se mencionan ni se «mienten», como dicen algunos. Y, sin embargo, hay chicos en este mundo, miles más de los que sabemos y nos gustaría imaginar, que no desean ver a sus progenitores ni en fotos (porque lo de no ver a alguien ni en pintura ya no tiene sentido para ellos, claro).

—En fin —le dije—, huir del problema tampoco lo resuelve. Este tiempo te puede venir bien para reponerte y hacerte más fuerte, no más.

Y tras varios meses, un día de esos que odias, vigilando el patio, con un frío que pela y amenazando lluvia, se me acerca y me dice que la pasada semana vio a su madre. Que tuvieron el encuentro.

—¿Y cómo fue? ¿Qué tal? ¿Cómo estás?

—Maestro, maestro, ¡no me agobies!

—Vale, vale, perdona. Venga, cuéntame lo que quieras contarme.

—Pues fue muy desagradable y yo lo llevé muy mal, la verdad. Mi hermano no tanto, porque él no habla. Yo entré allí casi sin mirarla, ni le di besos ni nada. No me sentía cómoda. Nos reprochó que la hubiéramos denunciado, que ella había dado su vida por nosotras, que nosotras lo éramos todo, que no entendía y, entonces, yo la interrumpí y le pregunté, mirándola a los ojos, que por qué nos pegaba y por qué nos insultaba. Y ella me dijo que porque perdía los nervios, que llegaba cansada del trabajo, pero yo le dije que eso no era excusa. Ella negaba una y otra vez que nos hiciera daño, siempre echaba el bulto para otro lado, hablaba de otros y hacía responsable al mundo.

En ese momento, mi mente vagó apenas unos segundos en pensar que, ciertamente, el ritmo de nuestras vidas en muchas ocasiones y en muchas situaciones es tan desnaturalizado que no nos damos cuenta de que podemos acabar, incluso, con la vida de los que nos rodean, los que más queremos y los que más nos quieren. Y toda esa vorágine nos arrastra a una velocidad tal que no nos damos cuenta de la erosión hasta que no han pasado años de desportillamiento.

Volví a la conversación.

—Y la verdad que fue muy desagradable. Ella se empezó a poner nerviosa y a dar puñetazos en la mesa mientras alzaba la voz y decía que por qué queríamos arruinarle la vida, que iba a ir a la cárcel o vete tú a saber y que nosotros ni nos inmutábamos. Y así estuvimos discutiendo los tres un rato. Al final, nos despedimos y ella nos pidió que le diéramos dos besos.

—¿Y?

—Yo no se los di, no me apetecía acercarme. No quiero saber nada de ella, maestro, te lo digo de corazón. Me puse muy nerviosa, estuve todo el rato inquieta. Cuando la vi, no quise ni mirarla a la cara. Me daba miedo, asco y vergüenza al mismo tiempo. Siempre fue mucho más dura conmigo que con mi hermano, por eso él protesta menos. Maestro, que yo dos veces estuve a punto de suicidarme con una cuchilla de afeitar…, pero nunca me atreví, siempre me quedaba mirando las muñecas y la cuchilla, sin poder dar el siguiente paso.

Y yo volví a dejar volar mi imaginación y seguía sin entender cómo una chica podía acabar diciendo algo así: «Mirar a mi madre a la cara me producía miedo, asco y vergüenza al mismo tiempo». O como: «Me quería suicidar».

Seguí dándole vueltas al tema durante varias semanas. Entendí perfectamente que el ritmo de vida al que me refería anteriormente puede hacer mucho daño. Más del esperado o deseado por cualquier persona. Y que los contextos infantiles de cada persona requieren de una sanación casi absoluta si no fue lo más adecuada posible en su momento. Una vida llena de estrés, de mujeres solteras, separadas o abandonadas (que es lo que estoy más acostumbrado a ver[21]), que se pasan el día trabajando a un precio esclavo a costa de no ver a sus hijos y que, además, como el sistema educativo nunca las ha ayudado a sacar lo mejor de ellas y saber en qué moverse mejor, pues han terminado «limpiando escaleras», como dicen muchas de ellas. Al final es una maldita pescadilla que se muerde vilmente la cola. Nadie ayuda a estas personas. Son fantasmas que vagan por nuestras ciudades, que limpian nuestras casas o estaciones del metro, son espíritus de la indefinición y en las que nunca nadie se fijó. Estas personas repiten esquemas y salen adelante lo mejor que pueden y saben en su momento concreto de la vida a partir de su propia experiencia vital, esa que las dejó abandonadas en una estación de autobuses con diecisiete años, cuando se fue de casa porque, a lo peor, no quería seguir siendo maltratada o ignorada por aquellas personas que tendrían que habérselo dado todo.

Y doy gracias. Doy gracias a diario por la vida que he tenido y que tengo. Tomando una taza de té con hierbabuena, unas tostadas de pan de centeno ecológico con ajo, aceite y tomate de mi huertecita en una mesa adornada de fresas y nísperos que cogí ayer de los que tengo plantado en mi pequeño y fértil terrenito: doy gracias por mi mujer y por mis tres hijos, que son cuatro soles y a los que he tenido la suerte de dar todo lo mejor de mí, con mis aciertos y mis equivocaciones, con mis buenas intenciones y con mis perdones.

---

[21] No quiero presentar estas situaciones como algo único de mujeres, nada más lejos de mi intención, pero la realidad en la que he estado inmerso durante años en mis jornadas laborales me ha devuelto esta visión de la vida. Evidentemente, en otros contextos y en otros centros, habrá de todo.

No soy yo quien viene a juzgar a la gente, pero sí nos debe quedar algo claro y es que no deberíamos anteponer cualquier cosa a nuestra vida, a nuestros hijos, a nosotros mismos y a costa de todo ello. No deberíamos dejarnos llevar por tanta locura por encima de las personas. No deberíamos dejar que la corriente se los lleve sin más. Y también es cierto que muchas personas, con la mejor de sus intenciones, se pasan el día ganando mucho o poco dinero porque en realidad no quieren a sus hijos, no los quieren ver, les pesan, les resulta la carga más pesada del mundo. Y créanme, los hijos son esa carga. Eso es cierto. La diferencia estriba en la perspectiva. Decía mi amigo Carlos: «Ser padre está chupado, lo único que hay que hacer es renunciar a todo lo demás». Es verdad que es una carga, pero también les digo que ¡bendita carga! Es lo mejor que puede uno cargarse en esta vida. Con el paso de los años desarrollamos una escalada inútil en nuestro particular síndrome de Diógenes y nos llenamos de obligaciones, de quehaceres, de egos, de necesidades creadas, de *souvenirs* y de opciones y objetos inverosímiles que nos pesan francamente más que un hijo, pero no somos conscientes de la maravilla que tenemos entre nuestras manos. Luego pierde uno los nervios, o está más agobiado, o tiene una mala racha… pero no abandona a los hijos por eso.

Tener un hijo es una responsabilidad, no una carga, lo que sí es cierto es que todas las responsabilidades pesan, unas más y otras menos, pero tienen peso. En eso se justifican los sueldos de los cargos políticos o empresariales de nuestro mundo, sin embargo, la mayor responsabilidad que debería tener (o, más bien, valorar) este mundo nuestro, es la de ser padre y madre: ellos son los que se merecen todo el sueldo, el tiempo y las ayudas del mundo para poder atender, de verdad, de corazón y con toda la ilusión del mundo a sus hijos, que, además, son las semillas del futuro de la humanidad. Lo demás, es organizar. Organizar una ciudad, un país, una empresa… es importante, pero si no ayudamos a organizarse a las personas y a fomentarles el mejor de sus espíritus para que salga a la luz y nos deslumbre, entonces, es que estamos fracasando. Algo estamos (todos, como miembros pertenecientes a este mundo) haciendo mal, eso debemos tenerlo claro, no para culpabilizarnos, porque la culpa no lleva a ningún buen puerto, sino para responsabilizarnos y tomar conciencia, con la intención de mejorarlo.

Varias semanas me llevaron a estos pensamientos; tanto tiempo pasé divagando en mis recreaciones mentales, que casi ni me di cuenta de que llegábamos al final de curso. El tiempo pasó desgranando las hojas de margarita sin atención alguna salvo en mis elucubraciones, lo que muchos alumnos llaman «las paranoias mentales».

La despedida típica de final de curso, las comidas con los compañeros, rellenar los libros de actas, firmar, las memorias, la entrega de notas, dejar a tus hijos con una madre de día en esas semanas de evaluaciones en las que tú tienes curro, y ellos, sin embargo, han terminado sus clases… En fin, las operaciones normales de un mes de junio.

Y, después de todas las parafernalias administrativas, por fin, llegó el verano, la envidia de muchos, la falsa vocación de otros y el aprovechamiento de algunos.

Y llegó un curso nuevo. Y Li no estaba.

Li había sido dada de baja en la lista de matriculación. No se sabía nada de ella. Pregunté en su casa de acogida y durante mucho tiempo la busqué para saber de ella. No supe nunca nada. Dejé de buscar. Me olvidé de ella. Solo en apariencia. En algún lugar, en algún momento, esperaba encontrármela, como a otros, feliz, enganchada a la vida y con ánimo de disfrutar aún más.

Li tenía ese espíritu incondicional de querer ayudar y de querer ser feliz. Y en mi corazón, las vibraciones cada vez que pensaba en ella me decían precisamente eso: Li está bien, es feliz y nunca más nadie abusó de ella de ninguna de las maneras posibles.

Y cierro los ojos y veo su sonrisa oculta tras una mirada descarnada que clama al cielo.

Y clamo al cielo, al mío particular, ese al que envío a todos mis desgraciados chicos para que puedan ver y alcanzar la luz que tanto ansían sin saberlo y de la que tan necesitados están.

Y clamo a un cielo inexistente con la única intención de que todo esté bien y en su lugar.

Creando personas
en el sistema educativo

Educar la mente sin educar el corazón,
no es educar en absoluto.
ARISTÓTELES

La enseñanza que deja huella no es la que se hace
de cabeza a cabeza, sino de corazón a corazón.
HOWARD G. HENDRICKS

Los días pasaban como otro otoño cualquiera, salvo que, dadas mis nuevas circunstancias vitales y laborales, a mí se me hacían más interminables y cansinos.

Aquel año lo tengo grabado como los sacramentos: de forma indeleble. Yo era un jefe de estudios que debía mantener a raya la presión del agua recogida con las últimas lluvias, debía mantener la calma (y no lo lograba ni la mitad de las veces, la verdad) ante los envites de todo el personal. Y en esa lucha diaria, en esos cafés con el resto del equipo directivo donde nos desahogábamos, como exploradores con machetes en mano por la selva, mi director se fue de pronto por circunstancias de la vida a otro puesto y me dejó colgado. Me tocó ser director sin serlo. Y digo sin serlo porque la administración nunca me reconoció aquello de ninguna forma: ni con puntos para concursar ni con sueldo ni con nada. Recuerdo que la autoridad representante de la administración en mi localidad me dio las gracias personalmente por mi sobresfuerzo. Solo la inspección educativa estuvo a la altura de las circunstancias: comprendió, ayudó, colaboró y prestó su apoyo como nadie lo hizo en toda la administración. Y así, siempre había un sinfín de responsabilidades y cometidos que resolver, así como de papeles que quitar de la mesa. Decidí hacer cuatro montones de papeles: los que simplemente había que archivar; los que debía ordenar tras tomar alguna decisión transitoria y no urgente; los urgentes y los que eran para ayer. Todo eso lo entremezclaba con los incendios que había que ir apagando cada dos por tres en el devenir diario que amenazaba constantemente a unas largas y penosas jornadas que parecían no terminar nunca. Todos los días pasaba algo multiplicado por diez, por veinte o por cien, dependiendo del día. Ahí vi con una claridad pasmosa cuán inútiles nos volvemos los profesores despreocupándonos de todo a sabiendas de que hay alguien que lleva el timón de la responsabilidad colectiva. Y cuán importantes son los equipos directivos para el correcto funcionamiento de un centro.

Estaba siendo un año duro en el que me vi obligado a asumir las funciones del director, además de las mías. Me dejaron, menos mal, elegir a alguien que asumiera algunas de las de jefatura, para, así, poder descargarme yo un poco. Así que, muy contento, pedí voluntarios que quisieran ayudarme en esta tarea. Pensé que, dada la sensibilidad del momento, quizás salieran varios voluntarios. Solo fue un pensamiento. No se hacía realidad. Y pasaron varios días. Y más. Y otros más…

A la crudeza del momento por el que pasaba a nivel emocional por otros motivos, habría que añadir, además, el estrés de tener que hacer un montón de tareas sobre la marcha y de que, tristemente, debes asumir dobles funciones porque ninguno de tus compañeros está dispuesto a echarte una mano. Recuerdo en el pasillo de entrada a la sala de profes que me dijo cierto compañero: «Oye, si necesitas algo, pídemelo, lo que sea, que estamos para ayudarte». Le respondí que necesitaba un jefe de estudios… y me dijo que no, que eso no. Entonces le espeté en su cara que no volviera a decirme nunca la expresión «lo que sea», que debía cuidar sus palabras.

Así me sentía.

Fueron días de soledad extrema. Solo contaba con el apoyo de la secretaria (que me quitaba mucha tarea) y de mis conserjes, que eran unos soles y, por supuesto, de mi administrativa. Joyas preciadas todas ellas. Pero de mis compañeros, ninguno. Pasados los años veo que no puedo juzgarlos y que, en una situación parecida, quizás yo habría hecho lo mismo. Aunque lo cierto es que ya en alguna ocasión me ofrecí a un director en caso de apuros por si necesitaba algo, claro que su orgullo era tan grande que no estaba dispuesto a pasar por eso. De hecho, me cogió manía, creo que tenía diversos traumas infantiles aún sin resolver. Además de pensar que yo estaba allí porque quería quitarle el puesto. Me da la risa solo de pensarlo.

Aprendí mucho de aquella experiencia. Más de lo que podía imaginar. Incluso, de aquellas compañeras que se dan golpes de pecho diariamente en misa, pero que luego están todo el día haciéndote la vida imposible, criticando, estercolando tu camino (pues lo único que tienen en su haber es podredumbre en cantidades ingentes, salvo entre ellas y con sus amigas) y poniéndote zancadillas diariamente. Incluso de ellas aprendí mucho. No les guardo rencor, aunque tampoco cariño ni respeto. Fueron malas personas, muy malas. No les deseo nada malo y hasta espero que aprendan a ser mejores personas, pero tampoco iré a su funeral.

La soledad fue tal que me dio hasta fiebre de treinta y nueve grados y medio. Tuve que permanecer dos días de reposo en casa. Suerte que la secretaria del centro era y es un sol, afectada por el trabajo como yo, y siempre supo estar a la altura de las circunstancias en todo momento. El trabajo y el sobreesfuerzo que realizó ella en esos días fueron vitales para mí.

Mi amiga Estela, no pudiendo verme así, arrastrándome por los pasillos o corriendo ferozmente sin parar, aun siendo tutora de un curso como era el PCPI de segundo, entró en mi despacho (no recuerdo en cuál, si en el de jefatura o en el de dirección) y me dijo que ella me echaría una mano en sus ratos libres de tutoría. Entonces le expliqué que no, que, si ella aceptaba, yo le quitaba la tutoría, se la daba al sustituto y ella tendría su reducción de horas, como cualquier jefe de estudios, era algo que ya había consensuado con la inspección, que, insisto, se portó de forma excepcional. Hacía años que conocía a Estela, era y es otro cielo de persona. No me sorprendió que se ofreciera ni que lo hiciera, incluso, cargada de dieciocho horas lectivas y una tutoría como la que tenía: espeluznante. De ella he aprendido infinidad de bondades, como, por ejemplo, que, con el comportamiento de algunos profesores (más de los que muchas familias se piensan, aunque menos de los que deberían), los IES tendrían que llamarse ONG, por el trato que les damos y la atención que les prestamos; supongo que se llaman institutos porque esta actitud no está generalizada, y sí lo está la de institucionalizar a los chicos. Y es que Estela se desvivía con sus chavales. Su entrega era imparcial y su paciencia rozaba los límites de lo infinito. Creo que es de las mejores profesoras que he conocido en toda mi vida, sin lugar a la más mínima duda. Solo había que conocer a sus hijos adolescentes y hacerse una idea de cuán buena persona, maestra y educadora era Estela. Nunca le agradecí lo suficiente el que hiciera eso por mí solo porque no podía ver cómo me iba consumiendo cada día por los pasillos de un centro en el que me sentía ajeno a todo y a todos. Siempre, en mi más fuero interno, me he dicho que, si me tocaba en la lotería mucho dinero, a ella le daría un buen pellizco, igual que a Cris, la secretaria. Fueron dos personas vitales en mi llorar diario.

Bien, pues sumido en esa vorágine que era el inicio de curso y con las circunstancias ya narradas, recuerdo a un alumno conflictivo, pero de los de verdad. Para que os hagáis una idea, en mi ciudad hay tres apellidos temerarios. Tres apellidos con sus respectivas familias. Tres familias temidas. Él llevaba uno de esos apellidos. Con sus diecisiete años, era de los que generaban problemas casi a diario, de los que amenazaba, pero luego no había hecho nada; de los que sabía arreglárselas para no dejar huella, aunque sí jaleo. Sus ojos azules cristalinos te encandilaban y aturdían mientras te hablaba con una labia enfermiza sobre lo que había sucedido, aunque con un volumen muy alto. Siempre tenía un volumen muy elevado. Físicamente potente, capaz de romper una mandíbula de un solo golpe, fibroso, cachas, ojos azules… un primor… el terror de las chicas, vamos. Podéis haceros una idea. Él, el Jonathan, estaba en una clase de armas tomar. Incluso, siendo ya noviembre, había ya un alumno expulsado definitivamente del centro por amenazar en reiteradas ocasiones al anterior jefe de estudios y por impedir que una profesora saliera de la clase; se había puesto en la puerta, con los brazos cruzados y decía: «De aquí no sales». Era una broma, decía él luego, pero lo cierto es que no tenía ninguna gracia. Pues bien, en esa aula estaba «el Jonathan», como le llamaban.

En cierta ocasión, se fue sin permiso de clase y, tras llamar a la puerta y pedir permiso, entró en mi despacho (en el de director, de esto sí que me acuerdo muy bien) y se me acercó a la mesa. No me dio tiempo ni a decir que sí podía entrar. En realidad, sabía ser educado y era muy respetuoso, pero solo con aquellos que le respetaban y él sabía que, aun siendo firme, yo le respetaba y lo trataba siempre con educación y cercanía.

Entró como ya digo y, sin mediar palabra alguna que contextualizara algo de lo que sucedía, me soltó en la cara lo siguiente:

—Hace ya casi un año que no voy al psicólogo, necesito hablar con alguien de vez en cuando o cualquier día soy capaz de venirme con una metralleta y matar a unos pocos.

En sus ojos azul estridente vi la sinceridad de sus palabras, y yo no estaba dispuesto a sufrir más de lo necesario en este curso, que bastante llevaba. Así que, lo miré a los ojos, volví la mirada a mi horario sobre el corcho de la pared que había a mi lado, volví a mirarlo a los ojos y le dije:

—Los martes a las diez y cinco de la mañana vienes a mi despacho y charlamos lo que quieras y de lo que quieras. Esas conversaciones serán tuyas y mías y de nadie más. Nadie oirá nada y nadie sabrá nada de lo que me cuentes, salvo que tú quieras contarlo por ahí y, entonces, será problema tuyo, no mío. ¿Te parece bien?

Le pareció muy bien, me dio las gracias y se marchó.

Volvió el siguiente martes a la hora convenida. Esta vez pidió permiso al profesor, a quien yo ya había advertido de que saldría de su aula. Al profesor se le cayeron dos lagrimones cuando supo que sería así muchos martes. Y, la verdad, no lo culpo. El Jonathan era insoportable en clase.

De lo que allí hablamos no puedo contar ni una sola palabra, como podréis imaginar, para eso di mi palabra, lo que sí puedo deciros es que hablamos de amor, de mujeres, de sexo, de drogas, de la vida y de la muerte, de la familia, de cárceles, de dudas existenciales y de ya no recuerdo cuánto más. Añadiré que fue una gran experiencia para los dos. Los dos aprendimos mucho, nuestra relación cambió mucho. Él sabía que podía contar conmigo y yo también podía contar con él. De hecho, alguna que otra vez le pedí ayuda para que me echara una mano para controlar situaciones o para que hablara con alguien.

Cuando terminó el curso y se marchó del centro, nuestra relación no terminó. Nos dimos los números de teléfono y de vez en cuando, nos mandábamos un WhatsApp.

Meses después me lo encontré en la puerta del supermercado que hay cerca de mi casa. Estaba vendiendo tortas de aceite. ¡Qué arte! Ni le pregunté de dónde las había sacado. El caso es que estuvo varios meses por allí vendiéndolas y yo le compraba un paquete de vez en cuando. Seguíamos charlando de nuestra vida (de lo que podíamos o queríamos contar, claro). Me enseñó la foto de su novia y me confesó que esta vez era la de verdad, que, de hecho, ya llevaba varios meses. Estaba loco con ella, enamoradísimo. Lo vi más centrado, más responsable.

Charlando con él de un problema que había tenido yo con un tipo, por una plaza de aparcamiento, me dijo que, si me volvía a molestar que lo llamara, que él vendría con unos amigos a charlar con él y a dejarle claro que yo era intocable. Nunca tuve problemas con aquel hombre, pero tampoco habría llamado al Jonathan.

Le perdí la pista y ya nunca más supe de él.

El Jonathan era un tipo necesitado de cariño. Creció en un ambiente enrarecido y, cierto día, siendo joven (y me refiero a más joven que diecisiete años), cuando llegaba a su casa, oyó cierto revuelo y voces en la calle. Se agazapó detrás de un contenedor y observó tristemente cómo la policía se llevaba a su padre con las esposas puestas. Momentos de esos hacen que tu vida cambie. Y si no tienes la suerte de reconducir tu vida o de encontrar entornos mejores... difícil es cambiar el rumbo. Y luego los obligamos a asistir a un centro de educación donde no les damos educación alguna, sino que intentamos reconducirlos a nuestro antojo para que entren en el redil en el que pretendemos que actúen como nosotros queramos, para así institucionalizarlos debidamente. Sin embargo, en ocasiones, los tratamos como un lastre del que hay que deshacerse. Ni la administración ni la mayoría de los profesores ni los compañeros... casi nadie invierte tiempo de calidad en ellos de verdad.

Un buen sistema educativo, desde sus inicios, se preocuparía de los usuarios, no solo de los profesionales o de los que viven de dicho sistema.

Un buen sistema educativo, desde sus inicios, se preocuparía de sus chavales y de sus familias. Y dicho sistema tendría que abrir un amplio abanico de posibilidades para poder actuar con ellos de forma decente y no solo docente.

Un buen sistema educativo que, desde sus inicios, estuviese preocupado de esta forma crearía mejores adultos. Adultos razonados, empáticos, trabajados emocionalmente, curtidos en la vida, pero con herramientas para poder administrar sus desgracias de forma más o menos adecuada.

El sistema educativo enseña mucho cuando quiere enseñar, cuando el enseñante se siente amenazado o cuando el que va a aprender quiere que le enseñen, de lo contrario, es una porquería. No da abasto como para preocuparse por las personas, ni tampoco le interesa hacerlo. No ofrece una formación adecuada ni busca personal laboral con unas cualidades que vayan más allá de lo académico. No solo deben ser profesores y maestros aquellos que sepan (que también estaría por ver, empezando por mí), sino que habría que observar sus aptitudes, como la empatía, el saber despertar y el no atemorizar, aquellos que no sean, quizás, tan analíticos y sí más cercanos y cariñosos.

Las personas que se dediquen a la educación deben tener un corazón que no les quepa en el pecho, una paciencia infinita y una salud emocional estable (independientemente de determinadas rachas malas que pueda tener alguien en un momento de su vida). No es que no todo el mundo sirva para profesor, que también, sino que hay que replantear todo el sistema desde sus raíces más profundas. Y eso implica unos cambios tan viscerales que empiezo a dudar de si realmente se podrá avanzar alguna vez en este país respecto al tema en cuestión. Merodeo con cierta frecuencia por diversos foros, páginas, redes… y nunca veo una colaboración profunda y respetuosa, por ejemplo, entre profesores y familias. Cuando no son unos los incomprendidos, son otros los irrespetuosos. Y viceversa, por supuesto. No son capaces de entenderse, de respetarse, de comunicarse asertivamente con un único propósito olvidado por ambas partes con bastante frecuencia: los niños. Los relegamos a nuestros propósitos y, con más frecuencia de la que nos imaginamos, los sometemos a nuestros pareceres sin tenerlos en cuenta para casi nada. Los padres y las madres protestan (o protestamos, porque yo me veo en la esquizofrenia de ser profesor y padre) por las cuestiones que creemos necesarias y, a su vez, los profesores se quejan de la falta de colaboración y del pasotismo rancio de los progenitores. Y en ese vacío cuántico estéril pretendemos instaurar un sistema efectivo que eduque, que forme sin adoctrinar, que fomente el conocimiento de los chicos y de las chicas que pasan inertes por las aulas de nuestros centros. Y eso, así, sin vaselina, y sin tener en cuenta otro factor fundamental: la sociedad, el entorno, la economía familiar… Son pilares básicos que fomentan o no un interés y un despertar a la conciencia conceptual de los chavales. Y cuando falla el entorno social, la economía familiar, la propia familia desestructurada y los profesores… nos encontramos con Jonathan.

Jonathan era un fruto podrido más de la vida, de la sociedad, del sistema educativo; pero era el mejor fruto podrido que podías encontrarte. Era lo que había aprendido a ser, nadie le enseñó otra forma de ser y actuar, así que no supo comportarse ni ser de otra forma que aquella.

Cuánto podrían cambiar nuestras sociedades si consideráramos películas como *Avatar* no solo como una película de entretenimiento, sino como la opción ideal que perseguir para, al menos, tener un mundo más justo, más centrado, más equilibrado. Leí que el ser humano es casi la única especie animal que no se ocupa ni preocupa de los demás seres de su propia especie. Y el sistema sigue creando personas que saben mucho o que ganan mucho dinero en los mejores casos, pero que no tienen idea de lo que podría ser la vida.

Un buen sistema educativo, desde sus inicios, debería crear personas, con todo lo que eso implica, no solo entes trabajadores.

Quizás un día llame al Jonathan a ver qué tal le va. A ver si puede coger o no el teléfono y si sigue con aquella rubia espectacular de la que en aquel momento se enamoró perdidamente.

Epílogo

Nuestra única misión en esta vida es ser felices

La vida animal se remonta a millones de años, pero la mayoría usa entre el tres y el cinco por ciento de su capacidad cerebral; y no es hasta la llegada del ser humano, a la cima de la cadena animal, cuando, por fin, vemos a una especie usar más de su capacidad cerebral. Un diez por ciento parece poco, pero es mucho si nos fijamos en lo que hemos conseguido. Vamos a hablar de un caso especial. El único ser vivo que usa su cerebro mejor que nosotros: el delfín. Se estima que este increíble animal usa hasta el veinte por ciento de su capacidad cerebral y, por ello, el delfín tiene una técnica de ecolocalización que es más eficiente que cualquier sonar inventado por la humanidad; pero el delfín no inventó el sonar, lo desarrolló de forma natural. Y eso es lo más importante de nuestra reflexión filosófica de este día. ¿Podemos concluir, por tanto, que a los humanos nos importa mucho más tener que ser?[22]

Profesor Norman (interpretado por Morgan Freeman) en la película *Lucy*, escrita y dirigida por Luc Besson en el año 2014

---

[22] Esta cita no deja de ser de un guion cinematográfico, no de un ensayo científico.

Soy un profesor de secundaria que hace funambulismo al borde del abismo por los estereotipados caminos de un sistema educativo corrupto y podrido en su inconsciencia, que hace aguas y en el que, en muchas ocasiones, se nos persigue, como en cualquier ámbito, a todos aquellos que salimos de la norma establecida.

Dígame que he sido un vago, un caradura, que no hice con los alumnos lo que debería haber hecho para su instrucción académica tal y como se pueda entender a pie de calle o todo aquello que se les ocurra, pero lo que no me pueden negar bajo ningún concepto es que las emociones y lo que hacemos con ellas son pilares fundamentales para permanecer en la idea de la felicidad constante y estable, y que, además, son fundamentales en el desarrollo de muy diversas habilidades (entre las que se encuentran las académicas). Y no, no me lo puedes negar[23] porque yo he vivido estas historias en primera persona, he trabajado con ellas codo con codo, me he enfangado con ellas a veces y he pasado de largo otras... y eso me hace tener una perspectiva que tú, tal vez, no tengas. Tácheme de lo que quiera, pero no puedes rebatirme esta realidad patente, manifiesta, clara y evidente experimentada a lo largo de mi vida profesional. En los últimos meses, con mayor intensidad que nunca, tengo la certeza más que absoluta de la importancia que tiene una buena educación emocional, ya que cultiva otros elementos realmente vitales para subsistir, mucho más que tener un buen sueldo, más incluso que un billete de lotería premiado con el gordo. Hoy estoy convencido de lo que ya estaba más que convencido tras muchos años de experiencia personal y laboral: la gestión de nuestro mundo interior, de

---

[23] En realidad, sí puedes, por supuesto, pero no tendría ningún peso.

nuestra espiritualidad (sea cual sea) y de nuestras emociones son tan importantes como alimentarnos, beber agua o cualquier otra cosa necesaria para vivir. Como dice mi compañera de música, Yolanda: «Claro no, clarinete».

Si la administración educativa nos hubiera permitido actuar con todos estos chavales de forma muy diferente, con unos planteamientos más cercanos a ellos, de manera organizada y coordinada, con profesionales que de verdad pudieran hacerse cargo de ellos más allá de la buena voluntad de algún profesor aislado en tal maremágnum, si esto se hubiera podido desarrollar adecuadamente, seguro que la mayoría de ellos no habrían sido maltratadores, criminales, drogadictos, camellos, presos o difuntos prematuros.

Mi conclusión de todas estas experiencias es que el sistema educativo que hemos tenido durante finales del siglo XX y principios del XXI, tal y como lo han entendido y vivido muchas personas, en su totalidad y desde sus diferentes facetas, ha sido un fracaso, lo cual ya intuíamos unos cuantos mientras que ahora lo están descubriendo otros. Algunos, quizás, no querían, no han querido o no quieren saberlo, pero, en el fondo, lo barruntan como quizás tú y como desde luego yo. **El sistema educativo actual puede ser perjudicial para la salud**. No digo que lo sea, pero sí que puede serlo, depende de muchos factores en cada uno de sus contextos.

Habrá muchos que no piensen de esta forma. Y eso no es malo, al contrario, porque, igualmente, yo tampoco estoy de acuerdo con ellos en sus formas y metodologías. Ahí reside la riqueza. Y el hecho de que nos cuestionen debería ser un impulso para seguir reflexionando y mejorando. Sin embargo, muchos de los que discrepan pretenderán convenceros de que lo que algunos planteamos es, marcando el tono peyorativo, solo jugar, charlar y ji, ji, ji y ja, ja, ja. Y eso podría ser muy respetable en cuanto a opinión, aun cuando sería un indicador de que no se han enterado de la misa la media. Lo que planteamos no es eso sin más. Pero no es este el sitio para discutirlo, mi querido lector. Su miedo al cambio, su resistencia a lo nuevo los llevará por el camino del ataque y del derribo, ya que más vale malo conocido que bueno por conocer. Nosotros nunca llegamos a plantear abandonar la formación, ¡cómo íbamos a hacer eso si nosotros mismos no hemos parado de formarnos! Lo que querríamos es cambiar las formas, las metodologías… Pero cuando alguien no quiere enterarse y se aferra a sus ideas como a una roca en plena corriente de un río caudaloso… ahí no hay nada que hacer. Y hasta eso es respetable. Y, de igual forma, pedimos a los demás ese respeto hacia nuestras ideas, en lugar de ser perseguidos o tachados de locos o vagos rastacueros.

Cierto es que **se vislumbran muchos cambios** en ciernes, y cierto es que existen muchos intentos por cambiar todo esto. Pero aún hoy, los chavales, los profesores, los directivos, los padres y las madres, el engranaje administrativo… en la mayor parte de los casos siguen reproduciendo actitudes, comportamientos y pensamientos similares a los de hace años, los que ellos mismos, a su vez, aprendieron en algún momento y no han sabido cambiar, eso que les aporta seguridad dentro de su zona de confort. Y no lo han sabido cambiar porque, en realidad, nadie les enseñó a cambiar, solo a copiar y a repetir. Y cuando entras en el sinsentido del enorme engranaje administrativo en el que se ha convertido la educación (y la vida en general), hasta formarte cuesta, porque es tal la vorágine que te absorbe que no tienes ni las más nimias ganas de acercarte a un curso. Y si ese curso resulta que es oficial… entonces, menos. Los justitos para poder cobrar un sexenio. Muchos cursos son un aburrimiento donde alguien, en ocasiones sin la formación adecuada y sin siquiera saber expresarse a veces, te cuenta las cositas maravillosas y preciosas que hace con sus niños de infantil, sin ningún tipo de proyección a, por ejemplo, la secundaria, que es donde tú trabajas. Y ya la cara de póker se te empieza a notar, pero te quedas porque te hacen falta esos puntos.

Por otra parte, seguimos inmersos, sin darnos cuenta o quizás sí, en lo que un día llamé la pedagogía del error. Seguimos considerando el error como un fracaso, como algo juzgable, como algo cuantificable, como algo negativo. Y muchas personas aún no se han dado cuenta de que el error es un instrumento más de aprendizaje, pues solo equivocándonos somos capaces de aprender o mejorar aquello en lo que estamos trabajando. El error (entendiéndolo en este contexto) no debería ser punible, al menos, cuando no se trate de alguna dejadez, negligencia o falta de colaboración sistemática. El error es uno de los instrumentos más poderosos de aprendizaje para el ser humano, ¿cómo vamos a traspasar eso a un número que puede suponer toda una vida de baja autoestima para una persona de catorce años (o de seis, o de dieciocho)?

Poner notas por los errores cometidos es, entre otras, una de las raíces o pilares en los que se sustenta el fracaso de nuestro actual sistema educativo. Si siguiéramos practicando esa metodología de manera formal y reglada en una hipotética distopía, lo normal sería que ningún adulto tuviese, ya no una nota alta, sino un mero aprobado. O, por el contrario, todos con buenas notas bajo el aroma de una concepción errónea de la carga semántica de los vocablos obediencia, sumisión, indefensión o cualquier otro de índole similar que se os venga a la mente.

En las escuelas (en cualquiera de sus etapas, desde la infantil hasta la universitaria o a la vida misma, todas las considero escuelas) se sigue castigando, reprendiendo, negando y mostrando una imagen equivocada del error. El error es fundamental para aprender y no olvidar. Muchas veces, solo cayendo en el error podremos ver con claridad cuál es el camino que de verdad queremos o debemos tomar. Así, la actitud debería ser la de «me equivoqué, elegí mal, sin embargo, me he dado cuenta y ahora sé cuál puede ser el camino en el que debo invertir mi tiempo, mi ilusión y mi energía»; pero muchas veces caemos en un «te lo dije, ya lo sabía yo, si es que así no voy (vas) para ningún lado, nunca lograré lo que quiero, estamos condenados…». Estos pensamientos cierran cualquier canal de comunicación.

Nuestra visión de la vida y sus diferentes situaciones y cómo se las transmitamos a generaciones posteriores van a ser fundamentales para seguir construyendo o no un mundo sano, justo y con la equidad y la serenidad necesaria para relacionarnos con y en paz.

La vida, en líneas generales, falla en muchas personas porque estamos creando un mundo de seres inertes que deambulan por la vida sin realmente saber que tenían un don que desaprovecharon porque nadie les ayudó a frotar la lámpara. Muchas personas piensan que esta etapa de la historia es de las más tristes en cuanto a nivel de calle, de barrios, de personas (no tenemos en cuenta en este momento a hitos como las guerras mundiales, las masacres y las poblaciones diezmadas por diversos factores), nos referimos a que la única corriente de pensamiento que parece haber florecido es la del estado de bienestar, pero mal entendido. Y eso sin tener en cuenta que algunos lo han degenerado hasta la particular y oscura forma de entenderlo y nos lo ha hecho entender como el bienestar del estado y no al revés (no hay más que echar un vistazo a la realidad en nuestro país, por ejemplo o en otros muchos); de esta forma, son unos pocos los que se han lucrado a costa del pueblo que, ignorante y ahogado en una indefensión aprendida[24] durante todas sus etapas educativas, no es ni siquiera capaz de manifestarse en contra, prefiriendo permanecer como está, porque, como se suele decir con el chiste: «Virgencita, virgencita, que me quede como estoy.»

Durante tiempo hemos reprimido, atormentado, castigado, castrado y mandado copiar ¡tantas veces!, que hemos conseguido que la gente vaya caminando o reptando de igual forma hacia una etapa de falsa madurez en un momento posterior de su vida como pueda ser el mundo laboral. Es decir, desde pequeños los hemos acostumbrado a la pesadumbre, a la obligación, a la reprimenda y a la represión. Por un lado, hemos malversado el contenido de la palabra obediencia y, por otro, como dice Alejandro Busto Castelli: «Hemos creado más jefes que líderes», y por eso cada vez más gente ha entrado en un mundo pasivo de infelicidad corrupta de la que han sido incapaces de salir. Los hemos guiado hacia allí por un camino de perdiciones y pasos grises a través de los cuales no han sabido manejarse lo suficiente como para poder recolocarse en sus verdaderos deseos. Los hemos enterrado y escondido para que nadie

---

[24] Incluso aprehendida, como dice una de mis hermanas, que es peor.

pudiera frotar su lámpara y pudieran relucir como ninguna en este mundo o como los niños antes de que les cortemos las alas, y hasta las piernas. Gracias a Dios o a quien sea, muchos de ellos, con no poco esfuerzo, han sabido salir de esa falsa sensación, de ese estado de confort en el que vivían engañados. Mi amigo el carnicero me contaba el otro día que con seis u ocho años él era muy malo («o eso me decían», aclaraba él mismo) y le estaban castigando siempre. Durante dos años, incluso, sus hermanas disfrutaban con los regalos que les habían traído los Reyes Magos mientras que él, cuando iba corriendo, lo único que se encontraba eran sus zapatillas tal cual las había puesto: con seis y siete años. No tuvo de casi nada en su infancia tardía y en todas partes tenía problemas. Llegó a tal punto que, consciente o inconscientemente, le dio la vuelta a todo, pero en el sentido más perjudicial para sí mismo: dejó de leer, de estudiar y de realizar cualquier labor útil. Abandonó todo y le costó años llegar al graduado de la ESO. Me confesaba que le encantaba el teatro y que le habría gustado dedicarse a eso, pero que ya (a sus treinta y tres años) era muy tarde. Decidió dejarlo todo debido a tanto castigo y represión. Y me confesaba que veía ahora a los chavales jóvenes de hoy día y que él no les llegaba ni a la altura de una babucha.

Todo esto que he escrito en las últimas páginas me recuerda a la escena de la película *Matrix,* cuando uno de sus personajes, Cifra, hablando con el Sr. Smith tras traicionar a Neo y a sus compañeros, y a punto de comerse un buen bistec, le dice: «¿Sabes? Sé que este filete no existe. Sé que cuando me lo meto en la boca es Matrix la que le está diciendo a mi cerebro: "Es bueno y jugoso". Después de nueve años, ¿sabes de qué me doy cuenta? La ignorancia es la felicidad». Y es así que la gente vive aparentemente feliz en un mundo de erróneas percepciones reales, sin saber que tienen un don único que mostrarnos a los demás y con el que serían verdaderamente felices.

Y es que las sensaciones son o pueden ser mucho más reales que la realidad misma. Es como cuando se te rompe la correa del reloj y se te cae (en un sofá, en una mesa, en la cama, en la calle…) pero tú no te das cuenta, porque durante tanto tiempo has sentido la presión de tal forma en tu muñeca, que, aun cuando se desprendiera en un amago de libertad, lo cierto es que tú sigues sintiendo que permanece todo en su sitio durante un tiempo. Sigues notando la misma presión (o con algo menos de fuerza) en tu brazo.

La escuela mata la creatividad, que dice sir Ken Robinson. Y en líneas generales es cierto. Esto creo que ya está claro para muchas personas: padres y madres, alumnos, profesores, maestros, acompañantes, guías, periodistas, médicos, fontaneros, cajeros, banqueros y amargados, en general. Muchos no han abierto su única caja especial que guardan en lo más recóndito de su ser porque nadie les dijo que eso se podía hacer. Nadie nos explicó que pudiéramos dedicarnos a eso que nos gustaba, a eso que sabíamos que podíamos hacer mejor que nadie. Había que ganarse la vida y ser una persona de provecho.

Cuentan que cuando Howard Gardner, creador de la teoría de las inteligencias múltiples, fue al colegio Montserrat de Barcelona se le saltaron las lágrimas al ver que su teoría se había puesto en práctica en todo un colegio y que, además, funcionaba.

Ya ha llegado la hora de continuar con el cambio que han iniciado tantísimas personas insertas en nuestro sistema educativo. Son muchas, aunque comparativamente pocas. Tendrán que pasar muchos años, y deberemos tener una paciencia infinita para poder traslucir estos cambios en el día a día. Igual ni los vemos del todo, pero con que los intuyamos, ya sería un triunfo. Como dicen mis hijos cuando desean algo con todas sus fuerzas en ese preciso instante en que lo dicen: «me encantaría» que pudiéramos ver o intuir esos cambios que ya empiezan a brotar.

Las personas no saben trabajar con sus emociones de forma correcta. Las personas necesitan ayuda, de verdad, la necesitamos todos. Y si nadie nos enseña a canalizar adecuadamente nuestros sentimientos, no con razón, sino con corazón, a expresarlos con sinceridad, honestidad y asertividad, nunca alcanzaremos las metas que en lo más profundo de nuestro ser se depositan, como si de un contenedor se tratase, con un cúmulo de despropósitos sin identificar.

Las emociones, los sentimientos, en sí mismos, son amorales: no son ni buenos ni malos. Simplemente son. La cuestión está en cómo canalizamos esas emociones, ahí es donde podemos encontrar diversos caminos distantes entre sí. Casi todos los cursos acabo hablando esto con parte de mi alumnado. Yo puedo odiar mucho a una persona, y eso no es malo en sí mismo, puedo odiarla con todas mis fuerzas. Y una vez reconocida la emoción puedo tratar de integrarla de diversas formas, incluso ayudándome de diversas técnicas como imaginarme a esa persona en un cojín y pegarle al cojín con todas mis ganas, para descargar esa energía negativa que se me va acumulando solo de pensar en esa persona. También puedo aguantarme, tragarlo todo bien adentro y esperar a que me salga una enfermedad por una emoción contenida y reprimida. Puedo, incluso, hacer algún tipo de meditación o relajación, y realizar un proceso de aceptación, rendición y verter toda mi felicidad al universo o al vacío cuántico. O, también, cómo no, puedo coger un hacha, hacerla trocitos (a la persona) y deshacerme de ella en el río. El camino que elijamos sí que tiene moral, las acciones que realicemos sí que tienen consecuencias y sí que son buenas o malas. Y eso también se aprende.

Perdemos los nervios, la pagamos con quien no debemos, nos enfrascamos en discusiones absurdas, entablamos debates inútiles, perdemos amistades, dejamos de hablarnos con alguien, nos enfadamos con el pesado de nuestro vecino porque cuando vas a decirle que siempre está con la tele a todo volumen él te insulta o te responde con determinada agresividad que no compartes, le negamos el abrazo a uno o insultamos mientras conducimos… Y todo porque nadie nos enseñó que la verdadera felicidad está en tantas otras opciones, por eso no sabemos gestionarlo bien, nunca nos enseñaron, y acabamos aprendiéndolo a base de golpes que pueden resultar muy duros: abandono, cáncer…

Da igual que seas profe o no, madre o padre o no, o simplemente hijo (que no es poco); te invito a indagar en las bases de una educación respetuosa, en una libre y correcta expresión de tus emociones, en las inteligencias múltiples, en compartir lo que tienes, que ya te vendrá de vuelta en tiempos venideros.

Seamos profesores, maestros, educadores o como lo queramos llamar, pero seamos profesionales, vocacionales, transmitámosles a nuestros chicos nuestra pasión sincera… y aprenderán en primera persona el valor del esfuerzo a través de nuestro ejemplo a diario.

Nuestra única misión en esta vida es ser feliz. Si hacemos eso, si lo llevamos a la vida y, por ende, a nuestras aulas, la felicidad en sí misma se irá extendiendo como el napalm, arrasando el malestar de nuestro entorno y propagándose aún más si cabe por todas partes.

Lo que das es lo que recibes: si gritas siempre, te llegará lo mismo; si te enfadas, se te enfadarán; si castigas, vivirás tu vida como un castigo… Relájate ya, vive, disfruta, ríe, llora, abraza, ama, sufre, reconcíliate, suelta, enfádate, pégale a un cojín, medita, descansa, diviértete, haz el amor, tómate una cervecita con los amigos, dialoga, pide, da, sé tú mismo o tú misma, haz lo que quieras responsablemente, no te dejes llevar por donde sabes que no quieres ir, lee, toma un helado, ve una película… En estos últimos puntos suspensivos deben caber unos cuantos millones de posibilidades.

¿Cuáles se te ocurren a ti?
¿Te animas a iniciar este camino?

Al principio de este epílogo, elegí la cita que elegí, de la película *Lucy,* por lo que esa reflexión del profesor Norman me genera. Como ya aclaré respecto a la cita, científicamente, no es del todo así nuestro cerebro ni el tema de los porcentajes. Pero, a lo que voy, ¿y si, igual que los delfines han desarrollado su sistema de geolocalización (como dice la cita), pudiera el ser humano acabar por integrar lo emocional, lo espiritual y lo profano de una forma *casi natural?*

Terminando de escribir este libro he descubierto algo muy interesante, y es que necesito aportar más de lo que ya he hecho con este libro para mejorar la situación de un alumnado con unas características específicas.

Tratar temas como el acompañamiento de adolescentes, el error como aprendizaje; la obediencia, la sumisión y la indefensión aprendida; la comunicación; el liderazgo; las inteligencias múltiples; las emociones; la educación respetuosa; el saber pedir ayuda…

Cualquier comentario que quieras hacerme de este libro o cualquier aportación o petición que desees expresar de cara a mi siguiente obra, puedes escribirme a emocionesdescarriadas@gmail.com. Estaré encantado de leerte y de seguir enriqueciéndome con el aporte mutuo de experiencias.

Muchas gracias.

Agradecimientos

En un intento de no querer extenderme, pero también de no dejarme a determinadas personas atrás, me gustaría escribir algunos agradecimientos que creo que son justos.

A Marian, compañera paciente de viaje.

A Leyre y Ana, o Ana y Leyre, especialmente, porque son dos regalos del cielo, y quiero que quede por escrito.

A mi hermana Rocío, por tanta motivación y energía de la buena, por su confianza, por su tiempo, su esperanza, dedicación y pasión para que este libro salga adelante y llegue a esa mirada de estrellas que ella posee.

A mi hermana Carolina, por guiarme en nuevos caminos educativos. Y por esas miradas y risas furtivas.

A mi hermana María del Mar, por apoyarme y buscar siempre opciones.

A mi hermano Mariano, que en paz descanse, por todo lo que aprendí de él… principalmente después de fallecer.

A mis padres, que me lo dieron todo, cada uno a su manera y según su saber del momento.

A Carlos Villagrasa, por su generosidad al decidir prologarme este libro sin pestañear y con cariño… aun siendo segundo plato.

A Fátima Pérez, por mostrarme el programa de Aulas Felices, cuya lectura me abrió los ojos para iniciar los cambios necesarios.

A Baza y Cabra, por ser fieles acompañantes y maravillosos amigos de este *Profesor*.

A la editorial ExLibric, por darme esta nueva oportunidad de echar a volar. A todos los que han trabajado para hacer esta edición estupenda.

A todos los que denominé mis *lectorcillos de indias,* aquellos que aceptaron voluntariosamente la petición de leer este libro antes que nadie para poder hacerme una reflexión sobre el texto antes de su publicación: Pili, Rocío, Nacho, Marian, Joaquín y mi padre (q. e. p. d.). Fueron cruciales para que este proyecto haya culminado, terminando ahora en tus manos.

Y, cómo no, a todos mis alumnos y alumnas, por ofrecerme sus historias y enriquecerme con sus vivencias diarias, a veces para bien y a veces no tanto, por ser ellos mismos mis maestros, por confiar, por dejarme entrar en sus vidas y por luchar a diario en medio de un sinfín de circunstancias adversas. Por confiar en mí, regalarme su tiempo y sus vidas. Ellos no son el futuro que nos espera, son el presente de hoy, el regalo que tejemos y envolvemos hoy; deberíamos plantearnos bien cuál es el futuro que queremos para ellos y, por ende, para nosotros mismos.

Y, por último, a ti, que has llegado hasta aquí dedicándome tu tiempo y tu disposición. Espero que hayas disfrutado de la lectura y que algo te haya aportado.

Índice